CHANRONG JIEHE XIN SIWEI

产融结合新思维

林 强 ◎ 编著

知识产权出版社
全国百佳图书出版单位

图书在版编目（CIP）数据

产融结合新思维/林强编著. —北京：知识产权出版社，2017.12
ISBN 978-7-5130-5359-4

Ⅰ.①产… Ⅱ.①林… Ⅲ.①企业经济—经济发展—研究—中国 Ⅳ.①F279.2

中国版本图书馆CIP数据核字（2017）第319535号

内容提要

本书从信息流、产品流和资金流相互融合的角度，对产融结合与信息科学结合的原理、方法和意义进行阐述，从而形成融合信息流思维的产融结合理论体系。本书既介绍了产融结合的形态、历史、发展现状，也对其未来发展趋势、走向以及其中的深刻内涵进行了探讨，提出了从产品流和资金流相结合的角度看待传统的产融结合，从信息流与产品流、资金流相结合的角度看待产融结合的演进和发展的研究视角。

本书读者对象为对产融结合发展感兴趣的金融专业或信息管理专业人士。本书也可作为高等院校金融和信息管理专业的参考用书。

本书获北京市教委科研计划项目（KM201611232015）基金资助。

责任编辑：张水华　　　　　　　　　　责任印制：孙婷婷

产融结合新思维
林强　编著

出版发行：	知识产权出版社有限责任公司	网　址：	http://www.ipph.cn
社　　址：	北京市海淀区气象路50号院	邮　编：	100081
责编电话：	010-82000860转8389	责编邮箱：	46816202@qq.com
发行电话：	010-82000860转8101/8102	发行传真：	010-82000893/82005070/82000270
印　　刷：	北京虎彩文化传播有限公司	经　销：	各大网上书店、新华书店及相关专业书店
开　　本：	720mm×1000mm 1/16	印　张：	12
版　　次：	2017年12月第1版	印　次：	2017年12月第1次印刷
字　　数：	230千字	定　价：	55.00元

ISBN 978-7-5130-5359-4

出版权专有　侵权必究
如有印装质量问题，本社负责调换。

序言

产业和金融是社会经济活动中两种不同的市场要素，随着市场经济的发展，二者之间合作不断密切且呈现出多种形式。产融结合已成为产业结构优化和转型升级的一种重要手段。

在实践上，产融结合是近几年来被企业广泛关注的领域之一，其实践有的是在一定的理论指导下进行的，有的则是边摸索边实践的。在理论上，产融结合形式的多样性使得对其的理解和表述呈现出多样性。

本书尝试从产品流、资金流和信息流相互融合的角度，对产融结合与信息科学结合的原理、方法和意义进行阐述，从而形成一套融合信息流思维的产融结合理论体系。本书一方面坚持理论与应用相结合，既介绍产融结合各种形态的发展历史和发展现状，也对其未来发展走向、趋势以及其中的深刻内涵进行探讨；另一方面坚持经济理论与信息科学相结合，既介绍金融的相关理论，也介绍这些传统理论与信息科学的关系，既介绍信息科学的相关理论，也介绍它们与传统金融理论的关系。这两大特色使得本书一方面脉络清晰，便于读者系统理解和掌握产融结合的相关知识；另一方面又同时兼顾了各种行业背景的从业人员的学习和研究需求，无论是信息科学背景的人学习金融，还是金融背景的人学习信息科学，都为其提供了系统的知识点和跨越的桥梁。

本书按如下结构进行安排：第一章介绍了交换经济的概念和产品流在产业发展中的作用；第二章对金融和资金流的关系进行了介绍；第三章对传统产融结合理论和其优缺点进行了详细阐述和分析；第四章分析和梳理了信息流与产品流的结合以及这种结合在促进产业发展中的作用；第五章和第六章分别分析和梳理了信息流与资金流的两种结合方式以及其在促进金融发展中的作用；第七章和第八章从信息流与产品流、资金流相结合的角度论述了信息流的引入对产融结合所带来的更深层次的影响与变革，为分析信息经济、科技金融并指导实践提供了新的分析视角和新的方法。

本书的创新之处在于：一是从产品流、资金流和信息流相结合的角度看待产融结合的演进，建立了与其他著作看待和分析产融结合的不同视角；二是从数字化信息空间与金融虚拟空间关系的角度看待产融结合的发展方向，提出了产融结合的下一步发展趋势是赋予信息更多金融属性的判断；三是以产融结合发展阶段为线索，论述了传统的产业、债务类融资、权益类融资、生产信息化、电子商务以及P2P、众筹、互联网货币、区块链和金融智能等当前科技金融主要形态之间的内在联系。

以上述创新型成果为框架，在素材整理和编撰过程中，本书参考和借鉴了许多前人的研究成果，由于时间紧，加之部分网络资料作者来源不详，导致未能列出这些成果的所有出处，在此向各类文献的作者表示真挚敬意、歉意和由衷的感谢。

由于编著者水平有限，本书存在不足之处敬请广大读者批评指正，以便不断修改、完善和提高。

本书可作为对产融结合进行研究的相关部门和人员的参考读物，也可作为高等院校工商管理、经济学、金融学、电子商务、信息管理与信息系统、计算机科学与技术以及其他相关专业的参考用书。

知识产权出版社对本书的出版给予了极大支持，在此表示感谢。

林　强

2017年10月30日

目录 CONTENTS

第一章　以产品流为纽带的产业 / 1

第一节　产品流与交换经济 / 1

第二节　关于产业的定义 / 2

第三节　交换经济中的产业分析——生产型企业 / 4

第四节　产品流与生产型企业创新 / 7

第五节　交换经济中的产业分析——商业企业 / 13

第六节　产品流与商业企业创新 / 14

第二章　以资金流为纽带的金融业 / 18

第一节　资金流与金融 / 18

第二节　金融体系 / 20

第三节　金融服务 / 24

第四节　金融创新 / 28

第三章　传统产融结合理论 / 32

第一节　产融结合的定义 / 32

第二节　产融结合的发展历史 / 34

第三节　产融结合的模式 / 40

第四节　产融结合的意义 / 48

第四章 信息流与产业的结合 ………………………………… / 51
  第一节 互联网与移动互联网 / 51
  第二节 数据、信息和知识 / 54
  第三节 信息流给产业带来的变革 / 56

第五章 信息流与金融业的第一类结合 ……………………… / 66
  第一节 网上银行 / 66
  第二节 网上证券 / 69
  第三节 网上保险 / 90
  第四节 网上基金 / 91
  第五节 网上信托 / 93
  第六节 金融互联网化的创新 / 95

第六章 信息流与资金流的第二类结合 ……………………… / 102
  第一节 第三方支付 / 103
  第二节 P2P 网贷 / 111
  第三节 众　　筹 / 119
  第四节 互联网金融门户 / 126
  第五节 互联网金融化的创新 / 129

第七章 风险控制与产融结合的精准匹配 …………………… / 133
  第一节 常用信用风险管理战略及资本风险管理战略 / 134
  第二节 互联网金融风险分析 / 138
  第三节 互联网金融风险控制方法 / 148
  第四节 信息流思维 / 167

第八章　基于信息与知识的产融结合 ······ /169

第一节　对信息流思维的再认识 /169

第二节　给信息赋予金融属性的实例——互联网货币 /170

第三节　产融结合发展的新阶段——区块链 /176

第四节　产融结合发展的新阶段——智能化 /179

参考文献 ······ /181

第一章
以产品流为纽带的产业

第一节 产品流与交换经济

物质交换是自然界的基本交换之一。商品交换从自然性质上来说是物质的交换。这是通常意义上的交换，也是交换的最基本含义，所以交换是经济社会中一种不仅常见而且基本的经济形式，称为交换经济。交换经济定义为人们根据各自的特长进行专业化生产，然后拿自己生产的产品去换取自己需要的产品。交换大大提高了整个社会的生产能力，同时人们也从这种交换中获得各自的利益。为了有效地进行交换，买卖双方就要接触。交换经济存在的原因是不同市场主体之间资源禀赋不一样或者分工不一样。

生产企业和商业企业在交换经济中的地位孰轻孰重，是经济学发展中一个有争议的问题。在资本主义发展的初期，经济学界曾经流行"生产决定论"。马克思将其概括为"资本主义生产方式占统治地位的社会的财富，表现为庞大的商品堆积"[1]；以亚当·斯密为代表的古典经济学家则十分注重和强调决定产量水平的实际因素[2]。以凯恩斯为代表的经济学家强调总需求的作用，从他的理论中可以看到需求对供给的影响，也可以找到些许重商主义的痕迹[3]。本章无意讨论生产企业和商业企业在交换经济中的地位问题，而是聚集于交换经济中联结生产企业和商业企业这两大代表性产业的纽带，探讨二者的联系及创新发展的路径。

一个经济社会面临的三大基本问题是：生产什么商品和生产多少？如何生产？为谁生产？这三个问题的核心是如何进行资源配置的问题。人们通过交换实现社会资源的分配，经济社会通过交换经济将短缺资源配置给最需要的生产者和消费者。社会资源通过市场交换的方式进行配置的过程形成产品流，所以产品流是交换经济的物理表现，也是联结商品生产和商品流通的纽带。本章尝试从产品流这一新的视角出发审视商品生产和商品流通这两个交换经济的组成部分，并对其发展过程中的现象做出分析和解释，目的是为从一个新的视角为产业分析提供思路和帮助。

产品流对交换经济分析能够起到什么帮助作用呢？回答这个问题，首先要从产品流的含义谈起。根据 MAB 智库百科定义[4]，产品流是指在生产商与消费者之间建立起产品交易模式。产品流是产品的物理流动，涉及采购、生产、仓储、运输等。其管理重点是以经济、有效的方式采购、制造、运输和销售产品。供应链之所以存在，就是因为有产品流。从交换经济的定义可以看出，产品流是指生产过程中代表原材料、半成品或成品的物件流通与交换。产品流包含商品的生产与流通，是交换的物理实现，是交换经济的表现形式。它为交换经济提供了一种可观察的测量方式，是实现资源精准、高效匹配的分析依据，是减少信息不对称性的工具手段。产品流目前已经成为现代经济系统中的基本流量之一。与产品流类似的两个名称是物流和商流，前者是指为了满足客户需要而对商品、服务以及相关信息从产地到消费地的高效、低成本流动和储存进行的规划、实施与控制的过程。[5]后者是指物品在流通中发生形态变化的过程，即由货币形态转化为商品形态，以及由商品形态转化为货币形态的过程，随着买卖关系的发生，商品所有权发生转移。[6]从概念的综合性和覆盖度来看，产品流更好地概括了交换经济中从商品生产到商品流通的整个过程。本章将从产品流入手，对交换经济中商品生产和商品流通进行分析，并将其具化为产业中生产企业和商业企业的分析。

第二节　关于产业的定义

为使不同国家的统计数据具有可比性，联合国颁布的《全部经济活动的国际标准产业分类》（ISIC）将全部经济活动分为十大类[7]，在大类之下又分若干中类和小类。这十大类是：

①农业、狩猎业、林业和渔业；

②矿业和采石业；

③制造业；

④电力、煤气、供水业；

⑤建筑业；

⑥批发与零售业、餐馆与旅店业；

⑦运输业、仓储业和邮电业；

⑧金融业、不动产业、保险业及商业性服务业；

⑨社会团体、社会及个人的服务；

⑩不能分类的其他活动。

标准产业分类的优点在于对全部经济活动进行分类，并且使其规范化，具有很强的可比性，有利于分析各国各地的产业结构，而且与三次产业分类法联系密切。三次产业分类法是新西兰经济学家费歇尔首先创立。英国经济学家、统计学家克拉克在费歇尔的基础上，采用三次产业分类法对三次产业结构的变化与经济发展的关系进行了大量的实证分析，总结出三次产业结构的变化规律及其对经济发展的作用。具体划分为[8]：

①第一产业：包括种植业、林业、畜牧业和渔业在内的农业。

②第二产业：工业和建筑业。工业包括采矿业，制造业，电力、燃气及水的生产和供给业。

③第三产业：又称"第三次产业"。主要指流通部门、服务部门。其中流通业包括为生产和生产服务的行业、为提高科学文化水平和居民素质服务的各行业部门和为社会公共需要服务的行业部门。

上述产业划分的依据是物质生产中加工对象的差异性。也就是，第一产业的属性是取自于自然界；第二产业是加工取自于自然的生产物；其余的全部经济活动统归第三产业。我国"三次产业"的划分最初源于西方经济理论。2003年，根据《国民经济行业分类》（GB/T 4754—2002），国家统计局发布了《三次产业划分规定》（国统字〔2003〕14号）。2012年，根据国家质检总局和国家标准委颁布的《国民经济行业分类》（GB/T 4754—2011），国家统计局再次对2003年《三次产业划分规定》进行了修订。根据2012年我国国家统计局提出的关于三次产业划分标准的规定[9]，第一产业的统计范围是指农、林、牧、渔业（不含农、林、牧、渔服务业）。

第二产业的统计范围是指采矿业（不含开采辅助活动），制造业（不含金属制品、机械和设备修理业），电力、热力、燃气及水生产和供应业，建筑业。

第三产业即服务业，是指除第一产业、第二产业以外的其他行业。第三产业包括：批发和零售业，交通运输、仓储和邮政业，住宿和餐饮业，信息传输、软件和信息技术服务业，金融业，房地产业，租赁和商务服务业，科学研究和技术服务业，水利、环境和公共设施管理业，居民服务、修理和其他服务业，教育，卫生和社会工作，文化、体育和娱乐业，公共管理、社会保障和社会组织，国际组织，以及农、林、牧、渔业中的农、林、牧、渔服务业，采矿业中的开采辅助活动，制造业中的金属制品、机械和设备修理业。

对照上面的产业划分并结合我国国民经济行业分类[10]，为论述方便起见，在本文的论述中，将属性是取自于自然界或加工取自于自然的生产物的产品生产归于商品生产的范畴，统一论述为生产型企业，并以制造业为代表进行表述；将围绕生产物的服务行业（但不包括金融业）归于商品流通的范畴，包括为生产服务的流通部门、服务部门等都统一论述为商业企业。为论述金融业与产业间的关系，将金融业单独列出。为便于读者阅读和理解，特此说明。

第三节　交换经济中的产业分析——生产型企业

从狭义来讲，生产型企业是指将采购的原材料进行加工转化为实物产品产出的企业。从广义来讲，凡是将输入经过处理转化为输出过程的企业都属于生产型企业。生产型企业的主要特征是对所销售的产品进行过加工、装配或处理并实现增值。按此定义，购入原材料产出设备的工业企业是商品生产型企业，购入原材料产出农产品的农业企业也是商品生产型企业；科技公司存在创造、改进过程，也是商品生产型企业。

从发展历史看，生产型企业可以分为以下三种类型。

（1）以生产企业为中心的生产

这种类型的生产一般表现为备货型生产，也称为按库存生产。在这种生产类型中，客户对最终产品规格没有什么具体建议或要求，生产商生产产品并不是针对特定客户定制的，而是根据单一层次的固定清单或配方生产的。根据生产时的产品批量，按库存生产又可分为小批量生产和大批量生产。在这种类型的生产过程中，生产商可能需要负责整个产品系列的原料，并且在生产线上跟踪和记录原料的使用情况。此外，生产商还要在长时期内关注质量问题，以避免某一类型产品的质量逐步退化。

属于此种生产类型的生产企业的特点是，产品在生产过程中的连续性强，生产企业负责全部生产流程，生产成本高；输出的产品在产业链中层次较低、更新周期缓慢、复杂程度不高。许多产品一般是企业内部其他工厂的原材料。由于生产产业链可以在单一企业内部完成，没有产品流的展开空间。

（2）以商品为中心的生产

这种类型的生产一般表现为订货型生产。在这种生产类型中，客户类群对零部件或商品的某些配置会给出某些具有共性的具体要求，使得同种产品开始呈现多类型特征。为满足这些要求，生产商开始根据客户的要求提供为客户直接装配定制的产品。这种类型要求生产厂商必须保持一定数量的零部件的库存，以便当客户订单到来时，可以迅速按订单装配出产品并发送给客户。同时为了满足提高反应的敏捷性和产品的功能复杂性，生产的协作性开始加强。为此，需要运用某些类型的配置系统，以便迅速获取并处理订单数据信息，然后按照客户需求组织产品的生产装配来满足客户需要。

属于此种生产类型的生产企业的特点是：由于生产开始由多个企业协作完成，组装企业在产业链的地位提升，生产成本降低，更新周期加快；并且伴随着产品生产过程具备了展开空间，产品形态在空间转移中发生改变，呈现出流动性特征。

（3）以客户为中心的生产

这种类型的生产一般表现为设计型生产，是订货型生产的一种高级形式。在这种生产类型下，产品按照某一特定客户的要求来设计，支持客户化的设计是该生产流程的重要功能与组成部分。由于产品是为特定客户量身定制，所以这些产品可能生产批次有限。在这种生产类型中，由于产品的生产批量小，如果可以使用一些经常用到而且批量较大的部分，则可以有效降低生产成本。但是如果设计工作与最终产品非常复杂，或者生产过程中每一项工作都要特殊处理，则会极大增加生产成本。除此之外，在离散化的生成过程中，不同的子部分可能是由各种不同类型的分包商（包括内部的与外部的）来完成的。为了使一个大型产品或项目的各个子部分能够在最后阶段精确地匹配在一起，以及由不同的人在不同的地方生产的不同子部分能够最终组合成为一个复杂产品或项目，需要用先进的方式来完成总体协调与管理控制工作。

总的来说，现代生产型企业目前的盈利模式有如下三种。

（1）生产模式

这种厂家主要以持续性的生产为主营业务，自建营销部门或者为代理商和品牌运营公司供货。商品的销售渠道对这类企业的生存和发展非常重要。作为纯生产型的企业，规模成本优势是其生存的唯一方式。因此这类生产企业要面对和解决的两个突出问题：一是保持巨大的产品生产流量，以保证规模成本优势而获利；二是要有稳定且与生产能力相匹配的产品出货渠道。这两个问题决定了这类企业在产业链的低端，话语权弱同时隐含着资金链断裂的高风险。该模式作为作坊式的生存业态存在更合理，对于有一定规模的生产企业不宜作为主要发展模式考虑。

（2）代工模式

代工模式是指与指定品牌合作，也称"贴牌"或OEM。在这种模式下，品牌拥有者不直接生产产品，而是利用掌握核心的开发、设计技术或控制销售渠道；为了实现产量和销量或为了赢得市场竞争的时间优势，它通过合同订购的方式委托生产厂家生产，并将所订产品低价买断然后直接贴上自己的品牌商标。承接这种加工任务的制造商被称为OEM厂商，其生产的产品就是OEM产品。

代工模式的存在和发展与产品流形成的成本即生产成本密切相关。当生产成本较低具有竞争优势时，具备规模和产业链优势的OEM会因主流而存在；如果生产制造成本上升，则会失去竞争力，产品流向低成本区域转移。

（3）品牌运营型

这种模式是前两种模式发展中的一种高级模式，在这种模式中，生产只作为转型时不放弃生产环节产生的利润、降低转型风险而存在的辅助形式，其核心业务将从单纯的生产向建立品牌转变，即由生产性企业转变为系统服务型企业。

随着企业向品牌运营转型转变，其在产业链中的地位也将从较低端的生产者向高端延伸。这种模式让生产性企业具有了知名度，形成了较为固定的客户群，可以确立企业在市场中的地位，从而就有了生产的主动权，易于形成商品生产和商品销售的良性循环，形成较大的产业链竞争优势，甚至还可以进一步夺取产业链上游生产者的利润空间。

第四节　产品流与生产型企业创新

生产型企业的创新应当能够引领企业的发展，增强企业生产的竞争力、对激烈的市场竞争的应对能力。通过产品流定义可以看出产品流包含生产过程中代表原材料、半成品或成品的物件流通与交换。因此，产品流对商品生产的影响或作用也相应地体现在这些环节中。这就为基于产品流对商品生产环节相关的企业的创新进行研究和分析提供了思路。

在现实经济生活中，总体来看，上述生产型企业的三种盈利模式是长期共存的，但对每个生产企业个体来说，会根据企业发展阶段的不同而有所转变。成为提供系统服务的品牌运营型企业是生产型企业转型升级的发展方向。按照前面生产型企业的类型分析，不难看出，成为品牌运营企业的一个重要前提，是提升企业生产的产品的竞争力，从以生产为中心的企业向以客户为中心的企业转变，通过离散化生产过程打开原料或产品流动的空间，从而使得各个环节分别优化、分别降低成本，最终降低总体成本成为可能；同时增强与客户的联系，尽可能满足客户对产品的需求，增强生产的柔性，使得产品具有很好的市场适应性，从而实现由大规模生产向定制化生产转变。

1. 生产的离散化

由生产型企业的定义可以看出，从产品流输入到产品流输出之间的生产加工过程是生产型企业非常重要的一个环节。从以生产为中心，到以商品为中心，再到以客户为中心，中间生产加工过程的特点根据产品流的连续性和间断性可以分为连续性生产与离散性生产两种类型。连续性生产是指待加工原材料形成的产品流均匀、连续地按一定工艺顺序运动，在运动中不断改变形态和性能，最后形成产品的生产。离散性生产是指待加工的原材料形成的产品流离散地按一定工艺顺序运动，在运动中不断改变形态和性能，最后形成产品的生产。相比于连续性的生产过程，离散性的生产过程更具灵活性、更贴近产品需求端、复杂度高、优化控制的空间更大、产品竞争性也更强，也更有利于向品牌运营转变。

因为生产离散化而分解的不同的子部分可能是由各种不同类型的分包商（包括内部的与外部的）来完成的，为了使一个大型产品或项目的各个子部分能够在最后阶段精确地匹配在一起，以及由不同的人在不同的地方生产的不同子部分能够最终组合成为一个复杂产品或项目，需要用先进的方式来完成总体协调与管理控制工作。

标准化是解决上述因为产品流的离散化而产生的协调性和一致性问题的有效方法。标准化可以规范市场的生产活动，促进产品在技术上的相互融合。产品流在空间上的发展促使生产的社会化程度提高。生产协作变得越来越重要，其范围越来越广泛。许多产品的生产往往涉及几十个、几百个甚至上万个企业，协作点遍布全省、全国甚至世界各地，成为一个空间跨度巨大的生产系统。这样一个复杂的生产系统，客观上要求必须在技术上使生产活动和产品保持高度一致。这就必须通过制定和执行统一的技术标准、工作标准和管理标准，使得无论空间跨度有多大，生产离散化程度有多高，物件在各生产部门和企业内部各生产环节间流动时都能运行流畅、高效，保证整个生产有条不紊、无障碍地运行。

从产品流角度看，企业生产的标准化主要表现为生产技术标准化、流程标准化和管理标准化。

（1）生产技术标准化

生产作业的标准包括国家标准、行业标准和企业标准。

生产技术的标准化，首先是指产品规格的标准化，即对产品外观指标、性能指标统一且严格的规定，必须符合国家标准或行业标准；其次是指生产作业的标准化，即将作业方法的每一操作程序和每一动作进行分解，以科学技术、规章制度和实践经验为依据，以安全、质量效益为目标，对作业过程进行改善，从而形成一种优化作业程序，逐步达到安全、准确、高效、省力的作业效果。

生产技术的标准化因其规范性和统一性能够提高生产效率、降低生产损耗、减少浪费，也就等于直接或间接地降低了生产成本；同时提高了生产柔性。基于生产技术的标准化当客户提出需要商品的规格时，企业很快就可以根据客户提供的数据来提供商品。

（2）流程标准化

流程标准化主要体现在三个方面：规范化、文件化和相对固定。业务流程标准化是企业发展的必然趋势，与生产作业标准化类似，它为企业建立了一种柔性的业务流程，使得整个企业像一条生产线一样，可以快捷灵活地调节生产情况等问题。标准化的工作流程为生产型企业提供一个安全的工作环境，并保证生产的高质量，能让企业更简单地确认出现问题时的责任以及改进时的关键点。

（3）管理的标准化

管理的标准化与生产技术的标准化和流程标准化相对应，主要是对制订、修订和贯彻实施标准进行计划、组织、指挥、协调和监督，以保证标准化任务的完成。它使得企业的各项标准化工作相互联系和制约，共同构成一个有机整体。通过计划，确定标准化活动的目标；通过组织，建立实现目标的手段；通过指挥，建立正常的工作秩序；通过监督，检查计划实施的情况，纠正偏差；通过协调，使各方面工作和谐地发展。

2. 柔性生产

从产品流的角度看，柔性生产使得产品流的组成保持相对稳定，生产企业可以以较低的成本、较高的敏捷性应对外部市场环境和需求的变化。

柔性生产与21世纪20年代的刚性生产相对应。刚性生产是以生产为中心的生产类型的典型表现形式。在卖方市场的市场环境下，刚性生产推崇"少品种大批大量生产"的生产模式，这一模式的生产效率高，单件产品成本低，但它是以损失产品的多样化、掩盖产品个性为代价的。随着经济的不断发展，表现出成本增加、过量库存、适应市场的灵敏度低等不足。刚性生产的缺点恰是柔性生产的优点。二者相比较，柔性生产灵活度更高，反应更快，优化控制的空间更大，盈利模式上也更有利于向品牌运营转变。

模块化是增强企业生产柔性的有效方法。模块化生产是指将复杂的生产进行多块的简单化分解，再由分解后的各个模块集成生产的动态模式。它的特点有以下几个方面[7]。

（1）规模经济是模块化生产方式形成的动力

模块化尤其是模块化设计的广泛应用是企业在技术、产品上的一大创新，模块化生产方式正是利用模块的标准化及通用化，通过模块化设计、模块化制造、模块化装配，通过产品的多变性与零部件标准化的有效结合，通过模块的批量生产，在满足顾客定制需求的同时实现了规模经济，降低了企业成本。

（2）需求的多样化与个性化是模块化生产方式形成的必要条件

应用模块化生产方式，通过模块化设计、模块化制造、模块化装配可实现大规模定制的高效、低成本生产。通过对产品进行合理的功能模块划分，利用模块的相似性来减少产品结构和制造结构的变化，最终借助模块的选择和模块间的组合达到在保持产品多样性的同时控制产品成本的目的；通过将顾客的个性化需求渗透到产品的设计阶段，从开始的设计阶段到最后的交付阶段，整个生产过程都体现了顾客的个性化需求，大大提高了顾客满意度；模块化制造、模块化装配缩短了产品的生命周期，有效地缩短了产品上市的时间。

（3）基于多品种流水线的模块化装配

模块化装配，即先通过零部件的组合装配出具有不同功能的模块，再根据产品的结构、功能选择满足要求的模块，通过模块的组合装配出满足顾客要求的产品。因此，模块化装配的基本单元是独立的模块。企业的装配线多是基于顾客订单的装配线，装配过程具有动态性。

以制造企业为例。制造企业是从事工业生产经营活动或提供工业性劳务的一种经济组织。在市场经济条件下，制造企业作为市场交换的主体，为在市场竞争中赢得一席之地，其生产运营必须符合市场发展需求，预知市场发展趋势、以技术创新为中心，形成自己鲜明的特点。

日本的制造业运作管理模式可以统称为 TPS（Toyota Production System），即丰田管理模式。尽管各个企业有所不同，但都是大同小异，没有本质差别。

日本制造业的丰田管理模式经历了一个发展过程，丰田公司创始人丰田佐吉之子喜一郎 1927 年就提出了生产物流中的生产产品零件"及时到位"的思想，基于这种思想，他提出要多利用专用机械和组装工具（这后来成为建立生产线上小的加工中心和使用成组技术的基础），零部件提前喷漆和提前辅助安装（某些零部件的总成：如发动机总成、变速箱总成、摩托车车把总成等），后来这种思想演变成模式，被称为"及时生产"或"即时生产"，即 JIT（Just in time）。1954 年丰田公司又提出利用"看板"作为反映生产物流的工具，用"看板"反映生产线的物流需求，提供给供应商、企业内部各部门和各工序。所以很多人提到日本的企业管理时，又称为"看板管理"。今天人们在大金、雅马哈、日产、本田看到的"看板"已经实现了信息化——用计算机软件来控制物流和分配资源。1954年以后，丰田管理模式逐渐在日本制造业占据了绝对的主导地位，目前日本的制造业仍以此为核心竞争力享誉全球。另外，丰田管理模式有很大柔性特点，即在管理上尽量不以企业内职能部门为中心，而是以生产流程为中心配置人、财、物，这样就打破了部门分隔，使组织结构具有很大弹性。

丰田管理模式在生产上也体现了柔性的特点：尽可能采用标准化零部件，减少非标数量，在模具、工具上体现通用性，对特别的专用零部件要么"外包"，要么作为公司的"核心竞争力"产品给予单独对待，而大量零部件基本上达到"标准化、系列化、通用化"。这样一方面可以节省成本，另一方面使得生产线容易调整，从而使企业能够充分适应市场的变化。

另外，丰田管理模式利用成组技术（即把相似工艺要求的设备有目的的放在同一空间）组成生产线上的若干个小的加工中心，从而减少设备的浪费和人员的走动，便于调整生产品种，形成柔性生产线；用每个程序的标准化达到零部件的"零废品"；用制造"总成"化，达到缩短生产准备时间的目的；用生产线立体化作业布置，达到减少零部件搬运和人员走动目的；用标准化零部件放置箱和充分利用各种颜色，达到员工对零部件安装的快速准确识别。

在上述丰田的案例中，通过零部件细化了产品的生产，将生产的物流具化为零部件的流动，这使得企业通过物流的扩展展开了价值链，为寻求最优的成本控制提供了求解空间。而零部件的标准化、系列化和通用化，使得企业的生产柔性大大增强，提高了市场竞争的应对空间。

与丰田一样，我国的宇通客车采用的也是生产流水线技术，即把一个重复的过程通过离散化分为若干个子过程，每个子过程可以和其他子过程并行运作。它使产品的生产工序被分割成一个个环节，工人间的分工细致，产品的质量和产量大幅度提高，同时也促进了生产工艺过程和产品的标准化。

2007年，宇通客车与IBM合作，开始实施供应链管理项目，及时反映生产线的产品流需求，提供给供应商、企业内部各部门和各工序，用计算机软件来控制产品流和分配资源。2007年公司累计生产客车24724辆，销售客车24243辆，实现营业收入788077.26万元，实现了销售金额和数量的双增长，营业收入比2006年同比增长49.09%，利润同比增长86.03%[11]。2011年，公司通过细化对供应商生产计划的管理，保证了生产的顺畅；整体供应链管理的精细化水平得到进一步提升。营业收入同比增长24.36%，营业利润同比增长31.29%[12]。

随着市场进入需求多样化发展的新阶段，自2008年开始，宇通客车通过实施海外产品规划、配置管理、BOM优化等项目，进一步提升了产品的标准化、模块化和通用化水平。通过零部件的标准化细化了产品的生产，将生产的产品流具化为零部件的流动，这使得企业通过产品流的扩展展开了价值链，为寻求最优的成本控制提供了求解空间。而产品标准化、系列化和通用化水平的提高，使得企业的生产柔性大大增强，产品在市场上的适应性、可靠性和领先性进一步提高。精益生产项目开始正式推行，有效降低了产品生产周期，提升了生产效率，企业产能得到了较大提升。在金融危机严酷的经济形势下，2008年公司累计生产客车26703台，实现营业收入83.36亿元。[13]

2016年，宇通客车的业务覆盖了国内所有市县市场及全球主要的客车进口国家，并以订单模式提供标准化及定制化的产品。公司从"制造型"企业向"制造服务型"企业升级，从"销售产品"向"提供系统服务解决方案"转型，由产品销售商逐渐向系统服务商转变，成为中国汽车工业由产品输出走向技术输出的典范，批量销售至全球30多个国家和地区，进入法国、英国等欧洲高端市场。营业收入同比增长16.64%，利润同比增长14.38%[14]。

此外，宇通客车在品牌运营方面也取得了巨大进步，已成为全球范围内单体生产规模最大、工艺技术条件先进的大中型客车生产基地之一。公司连续多年荣获世界客车联盟BAAV颁发的"BAAV年度最佳客车制造商""BAAV年度最佳客车奖"等多种奖项；2008年7月，公司被科技部、国务院国资委和中华全国总工会联合授予首批国家"创新型企业"称号；2010年12月，在由国家工商总局、国家质检总局、中央电视台等共同主办的"2010中国年度品牌发布"活动中，宇通客车成为客车行业唯一入选"2010中国年度品牌"的企业。

从宇通客车的发展历程可以看出从以生产为中心向以商品为中心，再进一步向以客户为中心的转变，增强基于生产离散化的供应链管理，增强基于模块化、标准化、通用化的生产柔性，从制造型向品牌服务型转变是宇通客车的重要发展战略，也为其提供了持续发展的强劲动力。产品流的扩展和离散化可以为生产企业优化生产创造条件，标准化和模块化为生产离散化和柔性生产提供可能；生产离散化有助于企业实现成本控制，柔性生产有助于企业提升产品的生产竞争力。

第五节　交换经济中的产业分析——商业企业

商业企业（或企业的商品流通与销售部门，下同）是指企业依靠通过买进货物，然后转手卖给别人的方式从中获取利润，在此过程中，它并不对买入的货物进行加工再生产以得到更大的利润。从商业企业的定义可以看出，生产型企业和商业型企业的本质区别是有无货物的加工程序。有则为生产型企业，没有则为商业型企业。

与生产企业通过对原材料加工生产出符合社会生产和人民生活需要的产品不同，商业型企业的基本业务是商品的购、销、运、存。即商业企业主要是通过对商品的购进、销售、运输和储存业务完成商品的流通过程，实现由生产领域到消费领域的转移的过程。购、销、运、存构成了产品流在商品流通的整体运动过程。商品流通过程中的购进、运输、储存、销售这四个基本环节打开了产品流的空间，也实现了商品流通环节价值链的建立。这四个环节在流通过程中各自处于不同的地位，起着不同的作用。合理组织商品流通的四个基本环节，是实现流通的基本要求，是提高流通经济效益的重要途径，也是商业企业的基本职能。

由于在上述流通过程中商品一般不进行加工或只进行浅度加工，其使用价值和外部形态一般不发生变化。商品在上述流通实现的产品流中实现商品使用价值的运动和价值形态的变化。因此，商业企业的"商业利润"主要来自产品流所连接的另一端的生产企业的让渡。让渡利润是商业企业利润的基本形式和最主要的组成部分。在产品流所贯穿的整个价值链中，由于商业企业为生产企业实现了产品销售，为生产企业节约了商品流通费用、降低了销售成本、加速了资金的周转，因此，生产企业就需要让渡一部分利润给商业企业，作为商业利润的源泉。让渡利润是由商品在流通环节中的价格差额来具体实现的。

从产品流视角分析，根据商品流通中产品流的拓扑模式可以将商业型企业的模式分为零售企业模式和批发企业模式两种类型。

零售企业模式的拓扑结构是直接的点对点结构，即生产企业直接作为商业企业向最终消费者销售其产品及相关服务。批发企业模式的拓扑结构是间接的多级结构，是指生产企业将商品销售给后手的再销售购买者或者生产者，而购买者将购进的商品用于再销售或投入生产过程。后一种结构增大了产品流的空间，有利于产业链的展开，为商业企业优化成本控制提供了更大的求解空间。

从上述商业企业的特点和模式可以看出，商业企业主营业务的实质就是商品流通环节的实现。因此，产品流对商品流通环节的变革与创新在现实经济生活中的表现就是商业企业的变革与创新。

第六节 产品流与商业企业创新

通过产品流定义以及产品流与商品流通的关系可以看出，产品流既包括商品流通的输入环节，也包括商品流通的输出环节。因此，产品流对商品流通的影响或作用也相应地体现在输入和输出两个环节。这就为基于产品流对商品流通环节以及与商品流通环节相关的企业的创新与变革进行研究和分析提供了思路。

市场经济条件下，商业企业面临着激烈的市场竞争。由于门槛较生产企业低，所以商业企业业务的模仿性较工业企业更加容易，服务的竞争也容易趋于同质化，商品结构难以形成自己的实质特色。在这种情形下，如何寻求创新、寻求商业企业的生存与发展呢？根据上一节产品流与商品流通的关系，从产品流角度看，一种路径是将商品流通的核心竞争力从传统商品流通端向商品生成端传导，让产品流在流通环节的输出端反向控制输入端。即在源自商品生产端的推动作用下将推送到商品流通端的情况再反馈给商品生产端，将以生产为中心的业务模式转变为以市场需求为中心的业务模式，从而借助产品流的变化对产品设计与生产的方向进行优化和调整，进而使得商品流通端形成更为强大的产品流拉动力进一步促进生产的发展。由此形成现代商业型企业的竞争优势。

另一种路径是提高企业在流通环节的竞争力。流通环节竞争力的提高应从服务、管理、技术等方面进行创新。

服务方面的创新从产品流角度看,一是增加商品的出口种类,比如与电商结合实现网上购物。二是增强产品流的稳定度,即用户的黏性,比如针对顾客需求提供相应的服务或改进服务。管理方面的创新从产品流角度看是指优化商业企业价值链中的组织结构,做到分工明确,权责分明,增强组织结构对市场经济的适应性,同时采用制度性、结构性和人际关系等多种协调方式,实现组织一体化使得产品流在商业企业价值链中高效顺畅穿行、降低运营成本。技术方面的创新从产品流角度看是指注重对先进管理技术的消化吸收、以降低成本为目标提高运营收益和运营效率。比如通过互联网、移动互联网等技术扩大产品的传播范围和加快产品的销售速度。再比如通过对POS系统、MIS系统等技术的运用,实现产品流对商品设计与生产的实时指导,对服务项目的设置、商品的陈列方式、节日的营销计划等进行有价值的辅助决策。

产品流在商业企业或企业流通端的拉动源是客户的订单。客户订单的变化代表着客户需求或市场需求的变化;或者说客户需求或市场需求在商业流通中的实体形式就是客户订单或市场订单。订单的增加或减少意味着产品流的增大或减小;订单内容的变化蕴含着产品流内容的变化。

以我国家电企业的销售部门为例,上市公司小天鹅A(000418.SZ)以客户订单指导生产,使得企业在家电销售整体下滑的情况下,收入和利润增长迅猛。2014年全年实现营收108.04亿元,同比增长23.79%;归属于母公司股东的净利润6.98亿元,同比2014年增长68.91%。公司整体毛利率25.89%,同比提升0.93个百分点[15]。2015年全年实现营收131.32亿元,同比增长21.54%;归属于母公司股东的净利润9.19亿元,同比2014年增长31.65%。公司整体毛利率26.54%,同比提升0.66个百分点[16]。

在2005—2013年的八年时间内,我国洗衣机的产销量均实现了翻番,产量从2674.6万台增至5702万台,销量从2741万台增至5593.5万台。但进入2014年后,由于补贴政策的陆续退出,洗衣机市场开始出现了增速放缓甚至负增长。客户的订单表征着商业运营中产品的产品流情况。为适应市场形式的变化,在激烈的市场竞争中获得生存和发展。小天鹅用客户倒逼生产的优化和变革,推出了能够快速满足市场产品需求的"T+3客户订单制"。即要求从用户下单到产品到达用户的周期由过去的28天缩短为12天。要实现这一目标，对于产品流所连结的生产端来说并不容易。在物料配送、研发、供应链、生产等方面都要挖掘潜力进行改进和优化，据小天鹅的企业负责人介绍[17]，以前一天生产三五个型号，现在一个客户有可能需要十几个型号，有的客户还需要快销，这时候对工厂的要求就从原来的单纯的企业式生产变成了由订单指导生产，订单要在二三天内快速满足，这就倒逼着企业去改变和提升。经过几年的探索和改造，小天鹅产品生产下线和发货实现了预期目标。"T+3模式"使得小天鹅生产的重心随着产品流转移到市场一线，推动了企业从研发制造到产销价值链的改革，促进了小天鹅的转型升级，也为小天鹅带来了收入和利润的增加。

如果说客户的订单是产品流在商业端的拉动源，那么产品则是产品流在生产端的推动源。由于商业企业的利润是生产企业的让渡利润，因此产品流在被推送过程中经过的中间环节的多少直接影响商业企业或商业部门收入与利润的高低。

2004年3月国美总部向各地分公司下发了一份"关于清理格力空调库存的紧急通知"，通知表示，格力代理商模式、价格等不能满足国美的市场经营需求，要求各地分公司将格力空调的库存及业务清理完毕[18]。由此拉开了商业企业巨头挟市场优势向生产企业的巨头挑战的帷幕，北京国美要求格力空调总部能够以厂商直接供货为主要的合作方式；格力空调总部则要求所有的格力空调都必须通过其所属的销售公司才能供应给商业零售商。从产品流的角度看，此案例的实质是商业企业要求压缩或取消产品流中的中转环节从而取得价格优势。

这一事件，对于国内几乎所有的大型生产企业都有所触动。青岛海尔公司对此最先做出了积极的反应，及时调整了公司的内部组织机构，成立了专门针对大型商业零售业和流通业巨头的"大客户部"，从公共关系的角度，主动与全国各地的大型商业零售企业和流通企业疏通关系，提出在生产企业和商业零售业、流通业的企业之间，建立起更加紧密的战略伙伴关系，以期望能与全国各地的大型商业零售和流通企业进行有效的合作[19]。青岛海尔在其2004年年度报告中指出，2004年中国很多家电企业出现生存危机。在这种压力下，企业要想提高盈利水平，必须拿到订单，才能获得大市场。而在市场流程再造的今天，只有满足了用户需求，为客户找到高差异化的产品，才能获得大订单，找到大客户，取得大资源，这样才可能在竞争中取胜[20]。因此，青岛海尔在针对公司经营中出现的问题所提出的解决方案中指出，要加速订单的执行速度，缩短与用户的距离，实现创新的产品和零距离的营销。2016年该公司全年实现营收1190.6亿元，比上年同期增长22%；归属于上市公司股东的净利润50.3亿元，比上年同期增长17.03%[21]。

在扩张商品流通端产品流的输出类型上，许多企业都做了积极有益的探索和尝试。据《2015年中国家电网购报告分析》数据，2015年我国B2C家电网购市场（含移动终端产品）规模达到3007亿元，同比增长49%。其中大家电862亿元（空调192亿元、冰箱151亿元），同比增长45%；小家电产品465亿元，同比增长50%。

炊具行业的龙头企业苏泊尔在2014年年度报告首次提出[22]，在电子商务快速发展的浪潮下，苏泊尔将加快发展电子商务，进一步提高专业化运营能力。2016年，这份对未来发展的展望已转变为其销售渠道的重要组成部分，电商渠道在苏泊尔整体销售中的占比持续提升，电子商务得到了高速增长，在天猫"双十一"的大促中多个品类获得销售冠军[23]。与之类似，厨卫领域的龙头企业华帝股份在2013年就实现了网购收入的大幅增长，较2012年同期增长188.02%；在9家主流B2C平台的销售量占同类产品销售量的13.20%[24]。美的集团从产品、政策、人才等方面加大电商投入，采用多种方式，大力拓展电商渠道，推动电商规范管理。2013年美的电商销售额近40亿元，同比增长超过160%[25]。空调领域的龙头企业格力电器2015年全面发力，结合已有的成熟电商渠道如京东、天猫、苏宁、国美等，共同推动格力整体电商业务快速发展。格力旗下的27家销售公司先后自建区域性的格力电商平台或入驻京东、天猫、苏宁易购等第三方电商渠道，抢乘电商东风，线下线上强强联合。2015年格力在天猫的销售额占所有空调品牌近50%的份额，2015年"双十一"当天成为空调产品的销售冠军，最终成交额近3亿元[26]。

通过上述实例可以看出，商品生产与商品流通通过产品流联结在一起，通过产品流进行闭环控制，有助于企业的产品设计与生产贴近市场需求，同时服务、管理和技术是实现闭环控制的目的，也是方法手段。

第二章

以资金流为纽带的金融业

第一节　资金流与金融

现代经济是市场经济，市场经济从本质上讲就是一种发达的货币信用经济或金融经济，资金流是产品流在金融层面的映射或表现形式。产品流的运动伴随着资金流的运动。金融运行得正常有效，则货币资金的筹集、融通和使用充分且有效，社会资源的配置也就合理，对国民经济走向良性循环所起的作用也就明显。

如上一章所述，一个经济社会面临的三大基本问题是：生产什么商品和生产多少？如何生产？为谁生产？这三个问题的核心是如何进行资源配置。这种配置并不是无偿的，而是有偿的。也就是说，获得资源者必须为其获得的资源支付相应的报酬。一方面，经济社会通过市场交换等方式将短缺资源配置给最需要的生产者和消费者；另一方面，获得资源的生产者和消费者为其获得的资源支付相应的报酬。如果说资源的配置形成产品流，那么因资源配置而支付的报酬就形成资金流，所以，一个经济体系必然形成产品流和资金流。产品流和资金流是支持一个经济体系运行的两大基本流量。在经济运行中，这两大基本流量互相依赖，互相补充，缺一不可。

在现代经济条件下，资金的流动主要是通过金融系统来实现的，人们利用金融系统实现资源的配置。金融系统好比整个经济的血液循环系统，为经济提供流动性,促进储蓄向投资的转化。基于产品流的交换从自然性质上来说是物质的交换。这是通常意义上的交换,也是交换的最基本含义。而货币交换从自然性质上来说是能量的交换。能量的大小意味着价值的高低,而货币表征了商品的价值。货币的交换形成资金流,而资金流在现代经济生活中的表现形式就是金融。资金流是联结金融业各个方面的纽带。

金融是现代经济中调节宏观经济的重要杠杆。现代经济是市场机制对资源配置起基础性作用的经济,其显著特征之一是宏观调控的间接化。国家可以根据宏观经济政策的需求,通过中央银行制定货币政策,运用各种金融调控手段,适时地调控货币供应的数量、结构和利率,从而调节经济发展的规模、速度和结构,在稳定物价的基础上,促进经济发展。所以金融在建立和完善国家宏观调控体系中具有十分重要的地位,它能够比较深入、全面地反映成千上万个企事业单位的经济活动,同时,利率、汇率、信贷、结算等金融手段又对微观经济主体有着直接的影响。从国内看,金融连接着各部门、各行业、各单位的生产经营,联系每个社会成员和千家万户,是国家管理、监督和调控国民经济运行的重要杠杆和手段;从国际看,金融是国际政治经济文化交往的桥梁,是实现国际贸易、引进外资、加强国际经济技术合作的纽带。

由于资金流和金融密不可分,对资金流的理解体现为对金融的理解。金融(Finance)是指资金的融通。金融的核心是通过跨时间、跨空间的资源配置,实现价值交换,所有涉及价值或者收入在不同时间、不同空间之间进行配置的交易都是金融交易。

一个经济体的金融市场为实体经济集中和分配资金,实现资源跨时间、跨空间、跨行业转移。它还能为参与者分散风险、传递信息,提供流动性。经济学认为,市场上的供求行为可以通过供求曲线进行刻画。产品卖方对价格的反应形成供给曲线,产品买方对价格的反应形成需求曲线。两条曲线的交点确定了均衡价格和均衡数量。金融市场是资金交易的市场,同样由资金供需双方组成,资金的价格就是利率。金融市场与普通的产品市场有一个重要的区别。金融市场的供给者将资金给予需求者,换取需求者未来偿还资金的承诺。不确定性的存在以及不完善的远期市场,使这种跨期交易存在内生的风险。资金需求者可能由于资金运用不当在未来无法履行承诺,使得资金供给者遭受损失。因此关于资金需求者自身资信与资金用途方面的信息变得至关重要。由此看来，金融市场的另一个主要功能就是分散风险、传递信息。比如，资金盈余者可以选择多个渠道进行分散投资，也可以根据利率判断市场对资金的需求程度。此外，金融市场还充当经济体支付系统角色，方便商品与货物的交易。

第二节 金融体系

金融系统或金融体系是由作为交易对象的金融资产或金融工具、作为金融中介和交易主体的金融机构、作为交易场所的金融市场和作为交易活动的组织形式和制度保障的金融体制和制度构成的有机系统，是各种用于资金融通的金融要素有机组合的一个整体，是经济系统的重要组成部分。提供资金的融通渠道是金融体系的基本功能，金融体系或金融系统（financial system）通过吸收存款、发放贷款、发行证券、交易证券、决定利率、创造金融产品并在市场流通等金融行为，把短缺的可贷资金从储蓄者手中转移到借款者手中，以购买商品、服务和投资，从而促进经济增长、满足人民生活需要。金融体系的功能是金融体系构成要素综合作用的结果。

现代金融体系的基本功能包括以下8个方面：

（1）储蓄和金融投资功能，即为资金盈余者提供的服务。

（2）融资功能，即为资金短缺者提供的服务。

（3）提供流动性功能，即实现资产转换。

（4）配置金融资源功能，即整合为盈余和短缺双方提供的服务功能。

（5）提供信息功能。

（6）管理风险功能，即转移风险、控制风险的功能。

（7）清算和支付结算功能，即银行清算体系提供的快速、准确、安全、方便的清算和支付结算服务，是现代经济运行不可缺少的重要服务。

（8）传递金融政策效应功能，即金融政策对经济的调节作用是通过金融体系的传递来实现的。

从上述功能可以看出，金融体系中的资金流动不仅是为了满足经济支付的需要，而且是为了满足资金需求者融入资金、资金富裕者融出资金的需要，而后者已经成为现代金融体系最基本的功能。

资金在金融体系中的流动分为直接融资和间接融资两个过程，如图2-1所示。

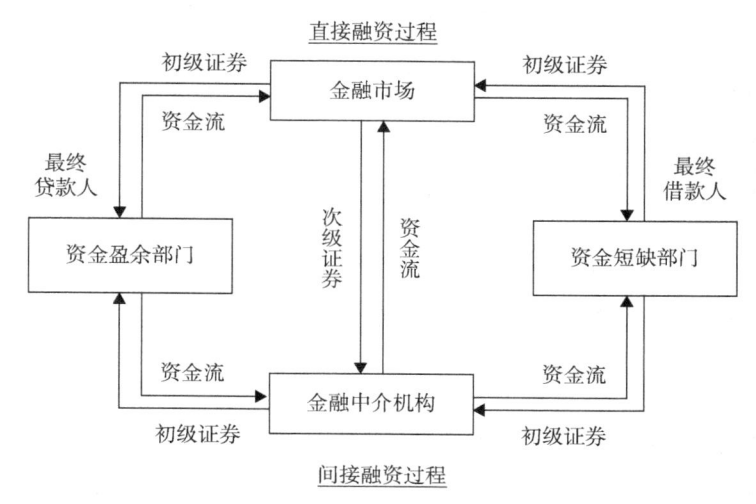

图2-1 资金在金融体系中的流动

直接融资是资金在盈余部门和短缺部门通过初级证券在金融市场的流动，初级证券是产生于直接融资过程的索取权凭证。借助初级证券，流动的资金成为资金融出者的资产，成为资金融入者的负债。

直接融资的优点是：由于避开了金融中介，双方直接交易，因而可以节约交易成本；同时，一般情况下还可以提高资金的使用效率；所筹资金规模大、期限长、稳定性高。

直接融资的缺点是：要求投资者具有一定的金融投资专业知识和技能，投资者要承担较大的投资风险，投资者需要花费大量的搜集信息、分析信息的时间和成本，且数量和期限难以匹配，融资的门槛比较高。

间接融资是指资金短缺单位与盈余单位并不发生直接的融资关系，而是通过银行等金融中介机构发生间接的融资关系。金融中介机构通过发行自己的次级证券（包括存单、支票、储蓄账户、保险单等）从资金盈余者那里获得资金，再通过购买资金短缺者的初级证券（贷款合同、债券、股票等）向其提供资金。次级证券（Secondary Securities）是由金融中介机构发行的索取权凭证，主要包括次级债券、存款、保险单据等。它是指在分红和公司破产清算时的剩余资产求偿方面的权利次于其他证券的证券。

金融中介机构在此不是作为代理人而是作为独立的交易主体，必须自己承担发行次级证券和购买初级证券的盈利和亏损，即自己承担其相应的风险，获得相应的利差收益。

间接融资的优点是：降低信息、合约成本，降低金融风险，流动性强，期限与数量匹配。

间接融资的缺点是：对个人来说收益率较低，对企业来说资金使用限制较多（资金规模、期限等方面）。

直接融资和间接融资两种融资方式各有利弊，互为补充，构成一个完整的融资方式体系。在经济相对落后的发展中国家，其证券市场的发展也较为滞后，因而以银行为中心的间接融资是资金融通的主要方式。

信息不对称和交易成本的存在是金融中介存在的传统理由。信息不对称是指交易的一方对交易的另一方不充分了解，因而影响做出准确决策，导致交易中出现逆向选择和道德风险。交易成本是指金融交易所花费的时间和费用，构成交易成本的重要元素是寻找成本、监控成本，目的是获取信息以减少风险。比如，作为金融中介机构代表的银行具有信息生产、加工的专长和规模经济，可以降低交易成本，减少信息不对称，缓解由于逆向选择和道德风险而发生的问题。从风险交易和风险管理角度看，投资要求很高的专业性，银行可以通过多元化资产组合和管理技术减少风险，降低参与成本，提供信息、代理投资。

由于信息不对称，资金盈余者可能将他们的盈余资金贷放给了那些他们所不愿意贷给的风险更高的资金短缺者，这在经济学上叫做逆向选择。

另外，差的商品总是将好的商品驱逐出市场。寻找贷款最积极、最可能得到贷款的人往往风险最大。资金短缺者在获得投资者提供的资金后，从事一些投资者所不希望的活动，从而使放款人处于危险之中，这在经济学上叫做道德风险。

作为金融体系的重要组成部分，金融工具又称金融商品，是用于交换、结算、投资和融资的各种货币性手段的总称。传统的金融工具主要有现金、商业票据、银行票据、债券和股票等。20 世纪 70 年代初期兴起金融创新后，在传统金融工具的基础上又产生了金融衍生工具（主要包括期权、期货、远期合约和互换）。

金融工具又称交易工具，它是证明债权债务关系并据以进行货币资金交易的合法凭证，是货币资金或金融资产借以转让的工具。不同形式的金融工具具有不同的金融风险。金融工具分为两大类：现金类和衍生类。现金类分为证券类和其他现金类（如贷款、存款）。衍生类分为交易所交易的金融衍生品和柜台（OTC）金融衍生品。另外，金融工具也可以根据财产类型分为债务型和所有权型。

金融工具还可以按其流动性划分为两大类：（1）具有完全流动性的金融工具，即现代信用货币。现代信用货币有两种形式——纸币和银行活期存款，可看作银行的负债，已经在公众之中取得普遍接受的资格，转让是不会发生任何麻烦的。这种完全的流动性可看作金融工具的一个极端。（2）具有有限流动性的金融工具。这些金融工具也具备流通、转让、被人接受的特性，但附有一定的条件，包括存款凭证、商业票据、股票、债券等。它们的被接受程度取决于这种金融工具的性质。

金融资产（financial assets）是一种未来收益的索取权，通常以凭证、收据或其他法律文件表示，由货币的贷放而产生。发行或出售金融资产可使发行人或转让者获得资金，购买并持有金融资产可能给购买者和持有人带来未来收益。

金融资产与金融工具的区别和联系在于是否可在金融市场上进行交易，当金融资产可在金融市场上进行交易时，金融资产就成了金融工具。金融资产和金融工具都是资金融通的载体，共同构成金融体系的基本要素。金融体系的基本功能是由金融资产或金融工具的基本功能派生出来的。没有金融资产也就没有金融交易的对象。通过金融资产的发行和交易，金融体系的基本功能得以实现。

作为金融体系的重要组成部分，金融市场是货币资金融通和金融资产交易的场所。狭义的金融市场是指有价证券的交易活动和交易关系。广义的金融市场是指金融资产的供求关系、交易活动和组织管理等活动的总和。金融市场是在不断发展完善的。金融市场的发育程度直接影响金融体系功能的发挥，因此，其发育程度也是一国金融体系发育程度的重要标志。

作为金融体系的重要组成部分，金融机构（financial institution）又称金融中介机构，其基本功能就是在间接融资过程中作为连接资金需求者与资金盈余者的桥梁，促使资金从盈余者流向需求者，实现金融资源的重新配置；在直接融资过程中，为双方牵线搭桥，提供策划、咨询、承销等服务，促进金融资源的优化配置。

金融机构作为金融中介，一方面通过发行自己的金融资产（存单、债券和股票）来筹集资金，另一方面又通过提供贷款或购买债券、股票向资金需求者提供资金。

作为金融体系的重要组成部分，金融制度（financial system）是有关金融活动、组织安排、监督管理及其创新的一系列在社会上通行或被社会采纳的习惯、道德、戒律和法规等构成的规则集合，是与金融市场、金融组织和金融活动相关的各种规则的总和。它是金融运行的行为规范和制度保障。

一个国家的金融活动的正常进行需要以良好的金融秩序为前提。维护国家金融秩序的机构为政策与监管型金融机构。不同的国家实行不同的金融监管体制，因而具有不同的监督管理机构。实行统一监管的国家，所有的金融监管职能集中在一个机构中，比较典型的是由中央银行来承担这些职能。中央银行是一国金融体系的核心，是唯一代表国家制定和执行货币政策、对国民经济进行宏观调控和负责金融业监管的特殊金融机构，是政府的金融管理机构。

在实行分立监管的国家，通常对银行、证券和保险等主要的金融领域分别设立监管机构进行监管。以我国为例，1992年8月，国务院决定成立证券委和中国证监会，将证券业的监管职能从人民银行中分离出来。1998年，国务院决定成立保险监督管理委员会，将保险业的监管职能从人民银行中分离出来。2003年4月，十届全国人大一次会议决定成立银监会，至此，我国建立了银监会、证监会和保监会分工明确、互相协调的金融分工监管体制。

第三节 金融服务

金融服务的概念涉及金融和服务两方面内容，但由于服务和金融这两个范畴都是不容易说清的话题，而且到目前也没有形成一个能被普遍接受的权威观点，因此对于什么是金融服务，国内外还没有一个确切统一的定义。现有对金融服务的定义或界定主要是从营销管理的角度出发，或者体现在相关法律法规和经济统计中。比如英国学者亚瑟·梅丹定义金融服务是："金融机构运用货币交易手段，融通有价物品，向金融活动参与者和顾客提供的共同受益、获得满足的活动。"美国1999年通过《金融服务现代化法》，其规定的金融服务的范围包括银行、证券公司、保险公司、储蓄协会、住宅贷款协会，以及经纪人等中介服务。联合国统计署定义了"金融及相关服务"这一项统计口径，粗略地说，它包括金融中介服务，包括中央银行的服务、存贷业务和银行中介业务的服务；投资银行服务；非强制性的保险和养老基金服务、再保险服务；房地产、租借、租赁等服务；以及为以上各项服务的种种金融中介服务。世界贸易组织（WTO）认为金融服务是指由金融服务企业所提供的与金融有关的任何服务。金融服务业是先进服务业中相对独特和独立的一块，金融服务公司是指开展业务活动为客户提供包括融资投资、储蓄、信贷、结算、证券买卖、商业保险和金融信息咨询等金融类服务的公司。

金融服务企业是现代金融活动最为重要的组织者和参与者，是金融体系最重要的组成部分，是金融市场的主导因素。从狭义的角度看，金融服务企业是指那些专门从事金融活动或为金融活动提供专业服务的营利性组织；从广义的角度看，金融服务企业还包括金融监管组织及国际金融服务企业。商业银行是最早出现的现代金融服务企业。随着社会经济发展的需要，以现代商业银行为起点形成了今天多种金融服务企业并存的现代金融服务企业体系，包括银行、证券、保险、信托、基金等行业。与此相对应，金融中介机构也包括银行、证券公司、保险公司、信托投资公司和基金管理公司等。

金融服务企业是一种特殊的企业形式，它与一般工商企业既有共同点，也有其特殊之处。其共同点是：从事直接的经营活动，具有一定的自有资本，独立核算，通过经营活动获取利润等。其特殊之处在于：（1）来自资本高杠杆率的特殊利益。在银行经营过程中，银行不需投入很多的自有资本即可进行经营，并获取可观的收益，资本的财务杠杆率非常高。在资本高杠杆率的作用下，银行作为信用中介，以其所拥有的巨额信贷资本、兼有理论知识和丰富经验的大量专业管理人才，在业务经营活动中能够创造出丰厚的收益。（2）银行的特殊风险。银行作为经营货币信用的特殊企业，它与客户之间并不是一般的商品买卖关系，而是以借贷为核心的信用关系；这种关系在经营活动中不是表现为等价交换，而是表现为以信用为基础、以还本付息为条件的借贷，即银行以存款方式向公众负债、以贷款方式为企业融通资金。银行经营活动的这种特殊性，产生出特殊的风险，即信用风险、经营风险、公信力风险和竞争风险等。

与其他产业部门相比，金融服务业的显著特征如下。

（1）指标性

金融的指标数据从各个角度反映了国民经济的整体和个体状况，金融业是国民经济发展的"晴雨表"。

（2）信用中介

金融服务企业能够充当真正的信用中介，分散风险，降低交易成本，提供支付机制和流动性。

银行等金融服务企业通过吸收存款和发行金融债券的形式，将社会上的闲散资金集中起来，用以向长期借款人提供任何单一投资者都无法提供的低成本长期资金。金融服务企业既是借者又是贷者，是真正的信用中介。金融服务企业还能使单个投资者的资金投入银行后，有专家经营，并且风险联合承担，减少单个投资人的风险。尽管金融服务企业不能完全消除直接融资中出现的逆向选择和道德风险问题，但是引入的一些制度性措施可以极大地减少或缓解信息不对称所造成的交易费用与风险。金融服务企业提供的多种多样的支付手段有利于加速结算过程和货币资金的周转，促进再生产的顺利进行。除此之外，现代金融服务业还具有越来越多的与信息生产、传递和使用相关的功能，特别是由于经济活动日益"金融化"，金融信息越来越成为经济活动的重要资源之一。

（3）实物资本少

金融服务业的实物资本投入较少，难以找到一个合适的物理单位来度量金融服务的数量，这也就无法准确定义其价格，从而也无法编制准确的价格指数和数量指数，因此金融服务业的产出也就难以确定和计量。

（4）劳动密集型

传统上，金融服务业是劳动密集型产业，但是随着金融活动的日趋复杂化和信息化，金融服务业逐渐变成了知识密集和人力资本密集的产业，人力资本的密集度和信息资源的多寡，在现代金融服务业中已经成为决定金融企业创造价值的能力，以及金融企业生存和发展前景的重要因素。

（5）垄断性

垄断性，一方面是指金融业是政府严格控制的行业，未经中央银行审批，任何单位和个人都不允许随意开设金融机构；另一方面是指具体金融业务的相对垄断性，金融业在国民经济中处于牵一发而动全身的地位，高风险性是指金融业是巨额资金的集散中心，涉及国民经济各部门、单位和个人，关系到经济发展和社会稳定，具有优化资金配置和调节、反映、监督经济的作用。金融业的独特地位和固有特点，使得各国政府都非常重视本国金融业的发展。我国对此有一个认识和发展过程。过去我国金融业发展既缓慢又不规范，经过十几年改革，金融业以空前未有的速度和规模在成长。随着经济的稳步增长和经济、金融体制改革的深入，金融业有着美好的发展前景。

另外，互联网的出现改变了传统的金融运行模式，随着我国信息产业对金融发展支持力度的不断加强，金融互联网化已是大势所趋，互联网时代金融活动的特点在于其虚拟性、直接性、电子化和风险性。

（1）虚拟性

互联网时代的金融机构通常表现为没有建筑物，没有地址而只有网址，营业厅就是首页画面，所有交易都通过因特网进行，没有现实的纸币乃至金属货币，一切金融往来都是以数字化在互联网上得以进行，这能在很大程度上降低金融机构的运作成本，同时也使地理位置的重要性降低，提高金融服务的速度与质量。

（2）直接性

互联网使得客户与金融机构的相互作用更为直接，它解除了传统条件下双方活动的时间、空间制约。另外，互联网为资本的国际流动创造了前所未有的条件，需要大量投资的地域已不再受制于缺乏资本，存款已不限于本国市场，而能在世界各地寻求投资机会。当然，由于投资者能把自己的有价证券更广泛地分散到各地，风险也随之多样化，使得化解金融风险的难度更大。

（3）货币电子化

电子货币是建立在计算机空间而不是地理空间上的全球性经济的一种表现形态。电子货币造成的管理方面的根本问题源自电子市场与政治地理之间的脱节。例如，控制货币供应量这个概念本身就假定地理能够提供确定市场范围的有关手段，它假定经济边界是有效的；货币的跨边界流动是可以监视和控制的；一个固定的地理区域内的货币总量是重要的。在数字化的世界经济中，所有这些假定都变得越来越成问题了。

（4）风险性

电子货币和数字市场的日益重要性给中央政府对经济和经济活动参与者的控制带来了难题。电子货币发行者的多元化（既有中央银行又有民间组织）使得参与网络交易的行为具备潜在的风险，使用户有可能面临诸如在电子货币发行者破产、系统失灵或智能卡遗失的情况下如何保护客户的权益问题。另外，在网络经济中，舞弊和犯罪活动将变得更加隐蔽。

第四节 金融创新

创新是人类社会发展的原因，在任何领域我们都能够看到创新产品和创新者的身影。从20世纪50年代末至60年代初开始，以华尔街为代表的金融行业从业者不断地创造出适应于社会发展需要、投资者需求的各种各样的金融产品。从那时起，随着银行中介功能的改变，金融市场发生了巨大的变化。当时的金融创新，归根结底可以算作技术创新，还有制度和产品的改变。

金融创新是一个为盈利动机推动、缓慢进行、持续不断的发展过程。金融创新的含义，目前国内外尚无统一的解释。有关金融创新的定义，大多是根据美籍奥地利著名经济学家熊彼特的观点衍生而来。熊彼特于1912年在其成名作《经济发展理论》中对"创新"所下的定义是：创新是指新的生产函数的建立，也就是企业家对企业要素实行新的组合。目前人们对金融创新的理解与认知，普遍按照三个层面和四大种类来划分，三个层面分列如下。

（1）宏观层面

宏观层面的金融创新将金融创新与金融史上的重大历史变革等同起来，认为整个金融业的发展史就是一部不断创新的历史，金融业的每项重大发展都离不开金融创新。

从这个层面上理解，金融创新有如下特点：金融创新的时间跨度长，将整个货币信用的发展史视为金融创新史，金融发展史上的每一次重大突破都视为金融创新；金融创新涉及的范围相当广泛，不仅包括金融技术的创新、金融市场的创新、金融服务的创新、金融产品的创新、金融企业组织和管理方式的创新、金融服务业结构上的创新，而且还包括现代银行业产生以来有关银行业务、银行支付和清算体系、银行的资产负债管理乃至金融机构、金融市场、金融体系和国际货币制度等方面的历次变革。

（2）中观层面

中观层面的金融创新是指金融机构特别是银行中介功能的变化，它可以分为技术创新、产品创新以及制度创新。技术创新是指制造新产品时，采用新的生产要素或重新组合要素、新的生产方法和新的管理系统的过程。产品创新是指产品的供给方生产比传统产品性能更好、质量更优的新产品的过程。制度创新则是指一个系统的形成和功能发生了变化，从而使系统效率有所提高的过程。从这个层面上，可将金融创新定义为政府或金融当局、金融机构为适应经济环境的变化和内部矛盾运动，防止或转移经营风险和降低成本，为更好地实现流动性、安全性和盈利性目标而逐步改变金融中介功能，创造和组合一个新的高效率的资金营运方式或营运体系的过程。中观层次的金融创新概念使得研究对象有了明确的内涵，因此，大多数关于金融创新理论的研究均采用此概念。

（3）微观层面

微观层面的金融创新仅指金融工具的创新。大致可分为四种类型：信用创新型，比如用短期信用来实现中期信用；风险转移创新型，它包括能在各经济机构之间相互转移金融工具内在风险的各种新工具，如货币互换、利率互换等；增加流动创新型，它包括能使原有的金融工具提高变现能力和可转换性的新金融工具，如长期贷款的证券化等；股权创造创新型，它包括使债权变为股权的各种新金融工具，如附有股权认购书的债券等。

四大种类分别如下。

（1）金融工具的创新

金融工具的创新一般表现为已有工具的衍生或派生。包括时间衍生、功能衍生、种类衍生和复合衍生。时间衍生是指金融工具从时间角度呈现由现在向未来衍生的趋势。现货交易中存在时间和空间的固有矛盾，导致市场主体未来收益的某种不确定性。远期、调期、期货、期权的产生就是时间衍生的典型例子。功能衍生是指在金融原生工具功能的基础上衍生出具有新功能的金融衍生工具，以适应新的市场需求的需要。比如可转换证券（持有者可以在特定的时期以特定的价格选择转换为其他类型的证券）就是功能衍生的典型例子。种类衍生是指在衍生过程中以金融原生工具为基础呈现出种类增加的趋势。金融市场的发展，投资者的需求偏好差异加大，为了控制风险，进行不同的金融资产组合，投资的需求增加，推进了新的金融产品的产生，使金融工具的种类不断增加。比如股票在普通股的基础上推出优先股，期权在看涨期权的基础上推出看跌期权等。复合衍生是指在衍生工具的基础上再衍生出新的衍生工具的趋势。如股票指数期货、期权等。这种新的衍生工具与最初的原生工具越来越远，但其对经济生活的影响程度却越来越深，其形式越来越高级。

（2）金融市场的创新

金融市场的创新包括市场种类的创新、市场组织形式和市场制度的创新。金融市场种类创新与金融工具种类的创新紧密相连。有了新的金融工具，必然需要新的金融市场进行交易。随着经济制度的变迁和交易技术的发展而出现。市场组织形式和市场制度的创新表现为：从分割的市场到统一的市场；从集中的市场到分散的市场；从有形的市场到无形的市场。

（3）金融制度的创新

金融制度的创新是指货币制度、汇率制度、利率制度和金融监管制度创新。金融体系的正常运行是建立在有效的金融制度基础之上的，金融行为是靠金融制度来规范和保障的。金融工具和金融业务的创新冲破旧的金融制度的约束，必然要求金融制度的创新与之相适应。

（4）金融机构的创新

金融机构的创新是指随着金融业务的需求变化而在业务和组织形式等方面不断地创新。表现为建立新型的金融机构，或者在原有金融机构的基础上加以重组或改造。金融创新反映了经济发展的客观要求，具有以下几个方面的积极作用。

首先，金融创新扩大了金融机构的资金来源渠道，扩大了金融服务的业务领域，从而更好地满足了经济发展的需要。

其次，金融创新加强了利率杠杆的作用，有利于发挥利率杠杆在调节金融资源配置中的作用。

再次，金融创新为投资者提供了许多新的金融风险管理工具，有利于投资者根据需要选用，更好地进行风险管理。

最后，金融创新有力地推进了金融自由化、国际化和全球化进程，有利于世界金融和经济的深化发展。

金融创新的消极作用表现为以下几个方面。

首先，表现在对货币政策效应的影响上。各种金融创新工具的大量涌现，使传统的货币政策目标、工具、传递机制都发生了较大的变化，使中央银行难以通过货币供应量的控制来调节宏观经济。

其次，使金融业的经营风险加大。尽管金融创新提供的新的风险管理工具可以转移和降低个体的风险，但却不能降低金融系统的风险。巨额游资的自由流动将对一国金融体系造成巨大冲击。金融衍生工具巨大的杠杆作用，更为投机资金的兴风作浪提供了巨大的放大效应。

鉴于金融创新的积极作用和消极作用，推动金融创新的时候，必须注意创造条件发挥金融创新的正面效应，抑制或降低其负面效应。在放松不必要的金融管制的同时，加强必要的金融监管。

在本书后面的章节中，将基于金融体系对产融结合的概念进行梳理和总结，提出本书的观点和认识；从产融结合的角度，对金融服务的变化进行解释；同时结合上述对金融创新的理解和认知，逐次展开对产融结合的观察、分析和讨论，将产融结合的过去、现在和未来与金融创新紧密联系在一起。

第三章

传统产融结合理论

第一节 产融结合的定义

在金融业和产业发展过程中,产业对金融业起着重要的支撑作用,而金融业对产业起着重要的推动作用。金融业与产业之间这种相互作用的关系发展出一种新型的企业经营形式,称之为产融结合。关于产融结合的定义目前并没有统一的观点和认识。本章将基于目前的研究成果,站在金融资本的角度,提出自己的认识和见解。

从融资模式上看,企业经营总体可以分为债务性融资和权益性融资两大类。债务性融资以银行贷款、发行债券和应付账款等为代表,权益类融资以股票融资为代表。

债务性融资构成负债,企业要按期偿还约定的本息,债权人一般不参与企业的经营决策,对资金的运用也没有决策权。在传统的金融体系中,以银行为代表的金融机构是货币资本的主要提供者,即以信贷市场为主,主要是利用商业银行的贷款来聚集资金,使市场上的资金能够有效地在不同企业或行业之间调整,实现资源优化。这其中,又对应着供给和需求两个方面产生出生产性贷款和消费性贷款两种贷款方式。一方面,生产性贷款能够调节平衡增量资金在各企业和产业之间的比例,推进企业和产业发展,实现产业结构优化;另一方面,消费性贷款多集中在个人层面,利用个人的现在消费和未来消费的比例关系,来实现企业和产业的融资需求,促进产业结构的优化升级。在以间接融资为主的国家，银行对企业的信贷就被理解为产融结合，在这种情况下，银行的信贷规模或信贷结构的不合理容易形成产业结构不合理。

权益性融资不构成负债，权益投资者通过股权成为企业的部分所有者，通过股利支付获得他们的投资回报，或者在投资期结束时，通过股票买卖收回资金和可观的资本利得。市值管理或估值管理是这一情况下产融结合为追求资源的精准匹配所采取的一种量化手段。关于市值管理的内涵，目前有研究认为应把上市公司所处的行业以及在行业中的水平包括公司财务状况和经营管理水平，看成是一组相对的稳定的量，而把资本市场的背景因素看成是一组可变量，外部变量导致了公司内部影响市值因素的主动和被动的变化。在这种观点下，市值管理定义为在资本市场背景下，上市公司在全流通的市场条件下，根据自身的不同需求主动管理与上市公司的市值表现关系密切的因素，特别是越来越重要的外部可变量，以达到市场环境中公司的估值与公司价值相平衡的目的。通常所说的估值主要是对于非上市公司而言，由于面向上市公司的公开资本市场和面向非上市公司的私募资本市场的不同使得上市公司与非上市公司之间存在着差异，但是这两个市场"达到市场环境中公司的估值与公司价值相平衡的目的"的相似性，使得上市公司的价值模型对理解和确定非上市公司的价值具有重要的参考价值。

上述两种不同类别的融资方式或融资渠道带来了关于产融结合理论上的不同理解，也给企业在实践中带来了不同的经营形式。不论狭义如何区分，为统一起见，从广义上讲，凡是金融与产业之间相互结合、相互作用、相互促进的经营形式都可以称为产融结合。但在狭义上，本书认为权益性融资所形成的产融结合方式因其具有的更高层次的含义更能体现产融结合的本质。为什么这样说呢？

马克思在关于社会再生产理论的论述中指出，产业资本循环过程分为购买、生产、销售三个阶段；在循环中依次采取生产资本、商品资本、货币资本三种形式；它们在时间上继起，在空间上并存，在每一种形式中完成着对应着职能，共同构成产业资本。生产资本的职能在于生产价值和剩余价值；商品资本的职能是实现价值和剩余价值，产业资本的循环过程是生产过程和流通过程的统一。货币资本的职能是为生产剩余价值准备条件，产业资本的循环与周转离不开货币资本的桥梁作用。随着商业信用的出现，一部分货币从工商业资本中游离出来，转化为生息资本从而形成一种相对独立的借贷资本，并出现了专门经营货币这一借贷资本具体形态的信用中介机构。在现实经济生活中，银行资本和银行是这类借贷资本和这一类信用中介机构的典型代表。

银行资本是指银行资本所有者为经营银行获取利润所投入的自有资本和通过各种途径集中到银行的货币资本。当产业资本与银行资本通过货币资本这一形式相互作用时，就产生了我们所说的产融结合，同时也产生了金融资本这一概念。

金融资本是产业资本和银行资本相互融合在一起形成的一种统一性概念。它与用于信贷的债务性融资有着本质的区别。金融资本的产生，使得产业资本和银行资本二者的关系发生了质的变化，在这种关系中二者相互渗透、互相交织，以股票或股权为代表形式，建立了一个虚拟的经济空间。在经济全球化浪潮中，金融资本成为重要的工具和手段。证券及其他非银行金融机构的发展拓展了金融资本成分中银行资本这一概念的外延，这里的银行资本成为用于增值的货币的代名词。这些货币与直接用于工业生产、商品流通中的货币不同，它们通过自身的周转增值自身，中间不会转换为生产资料制造商品，也不会通过买卖一般商品赚取差价。那些掌握大量此类货币资本的自然人、投资公司、资产管理公司及基金保险公司、金融集团、证券公司、投资银行和商业银行一样，成为此类银行资本的供给者。

与之相对应，从资本的层面看，第一章所述的现实经济空间中的产品流与资本空间中的生产资本、商品资本相对应，第二章所述的资金流与资本空间中的货币资本相对应，从而将产业与金融的融合统一在资本这一更上层的概念表述之下。

第二节 产融结合的发展历史

实践上，在19世纪末20世纪初，产融结合伴随着垄断组织的出现而出现，随着西方国家"二战"后工业和金融业集中垄断程度的提高而发展。文献［27，28］对世界上市场经济发达的主要国家产融结合的历史进行了较为系统的考察，将美、英、法等发达国家产融结合的历史划分为以下三个时期。

(1) 产融自由融合时期（1870—1933年）。在这个时期，欧美各国实行的是自由放任、自由竞争的市场经济制度，各国政府基本不存在对工商企业和金融机构之间相互持股和跨业经营的限制。当欧美各国从自由竞争的资本主义走向垄断竞争的资本主义的时候，在生产集中并由集中走向垄断的基础上，产生了产业资本与银行资本的融合；而在资本融合和相互持股的基础上，银行业和工商业在人事方面也相互渗透，并出现了列宁说的"金融资本"和"金融寡头"。经典意义上的产融结合也是在这个时期形成的。

(2) 金融业分业管理为主时期（1933—1980年）。1929年10月，美国纽约证券交易所的股价暴跌，引发了长达4年之久的全球性经济危机。当时人们普遍认为：造成这次经济大危机的主要原因一是垄断，二是间接融资与直接融资的混合。鉴于此，1933年以后，美国先后出台了《格拉斯—斯蒂格尔法（1933）》《证券交易法（1934）》等法律，限制垄断行为的发生，并实行银行业和证券业的分业经营。在这个时期，虽然银行、非银行金融机构与工商企业之间的市场准入、相互持股和投资存在着严格的限制，但银行还是创造出银行持股公司的形式，产融结合主要是通过金融市场为中介进行的。在这个时期，日本也实行了金融分业管理。但欧洲大陆的德、法等国在金融领域中继续奉行自由主义经济政策，实行以银行为中心的间接融资与直接融资的混合机制，产融结合继续表现出银行业与产业部门自由结合的状态。

(3) 20世纪80年代以来的新发展。进入20世纪70年代以后，以美国为代表的西方国家普遍发生了经济滞胀。在经济增长停滞而通货膨胀居高不下的情况下，经济结构的调整和运用新的科技成果发展经济，成为产融结合的新动向。在此背景下，有关放松管理、实行金融自由化的政策主张迅速兴起，金融自由化和金融创新的现象也不断出现。从20世纪80年代开始，美国对金融管理制度和金融体系做了一系列重大调整，与这些变化相适应，美国传统的分业管理模式和产融结合的途径也发生了一些重大变化。表现为：①包括银行持股公司在内的传统商业银行已经不再是产融结合的主体，投资银行和各类投资基金成为产融结合的主导力量。②产融结合的范围由传统的证券市场扩展到包括养老基金、风险资本等在内的各种投资基金，并通过避开现有法律的限制，渗透到银行业、证券业、保险业、租赁业、房地产融资等各个领域。③商业银行与投资银行、存贷款业务与证券业务的界限逐渐模糊，银行持股公司和各类投资银行可以通过自己的分支机构或金融创新渗透到彼此的行业，而传统的金融企业与非金融企业的界限也开始淡化，从而为产业资本直接进入金融业提供了便利条件。④虽然对商业银行直接从事工商企业并购活动的限制仍然存在，但商业银行可以通过资本市场提供的渠道，积极介入企业并购之中；同时，金融尤其是银行业本身的并购活动也为这种介入提供了便利条件。以日本为例，从 20 世纪 80 年代中期起，日本开始研究并逐步实施金融制度的全面改革。基本思路是：改变分业经营、专业管理的模式，建立高效、灵活、能够适应环境变化的新金融制度。1997 年 5 月，日本通过了全面进行金融体制改革的法案，撤销了不符合这一改革思路的种种限制。《金融改革法》准许不同行业的金融机构以子公司方式实行跨行业兼营，并在责任自负的前提下，允许金融机构选择自己的业务范围。与此同时，欧洲大陆各国继续坚持银行业和证券业混业经营的模式。不同的是，在这些国家中，其发展趋势是增大直接融资的比重，并加强直接融资和间接融资之间的交流。

在我国，产业的发展历史与金融的发展历史是相辅相成的。金融业的高速发展是从近代开始的，巧合的是，以工业为代表的产业也是在近代才有了空前的飞速发展。1840 年第一次鸦片战争后，特别是甲午战争以后，中国以手工作坊为主体的传统手工业遭受冲击，文化的冲击引进了外国的工业技术，中国逐步进行了工业化，工业在中国兴起。中国的第一家银行是英商丽如银行，在银行出现之前，中国执行金融功能的是传统洋行。中国国门的打开，引进了高效率的生产设备，且生产业的高速发展带动社会必要劳动时间减少，降低了成本，同时降低了商品价格，在生产业等工业的发展下，商品急剧增加。同时生产业发达的外国列强对中国猛烈增加商品输出，大批洋货涌入，倾销商品使得贸易量增加，入侵者逐渐意识到中国的传统洋行已经无法满足贸易的需要，于是外资银行入侵，截至 1936 年，仅英国、美国、日本在中国开设的银行就有一百多家。在外资银行不断侵略的过程中，外资银行的高额利润促进了中国本土银行业的发展，有识之士开始研究中国自己的银行之路。中国第一家商业银行中国通商银行 1897 年在上海成立，中国逐步建立起自己的银行体系。银行业的发展是金融业的很大一部分。

此外，兴办工业的民营企业需要资金，这就需要金融行业向想要开办工厂却缺少资金的企业伸出橄榄枝提供资金融通的业务，扩大对资金和金融产品的需求，因此金融业的发展成为一种必然趋势。民营企业的资金短缺也成了中国金融业发展的导火索。

改革开放后,中国国家政策放开,开放程度提高,中国经济崛起。发达国家看中中国的市场及廉价劳动力,外资生产业大量进入中国,中国的生产业又是一番新景象,特别是在 2001 年中国加入世贸组织以后。截至 2016 年,我国生产业产值占第二产业的比重为 68.8%,占全国 GDP 产值的比重接近 1/3,生产业增加值占工业增加值的 78.2%,我国生产产品出口占出口贸易的近 90%。经济迅速发展的今天,生产业已逐步国际化、系统化、成熟化。而与此同时,金融业产值占 GDP 的比重也逐年上升,其高速发展及重要意义有目共睹。至 2016 年 11 月末,我国金融业总资产达 119 万亿元,比 2015 年年末增长 149%。

出于减少成本与扩大市场的考虑,发达国家的生产业不断向发展中国家转移,其中,中国以其各种优势备受青睐。对于发达国家来讲,生产业的外移使得它们的金融业与生产业的服务需要相互远离,发达国家自身的金融业对生产业的服务比例减少,金融业与服务业关系相互疏远。而对于中国来说,发达国家的生产业转移为中国金融业带来契机,外资企业不断发展的需要导致对中国金融业的服务需求增加,于是促进了中国金融业的发展。同时,中国本土生产业以此为契机,吸取外资生产业的经验高速发展着,附加值低、生产竞争力低的问题迫使中国本土生产业在与外资生产业的竞争中不断改进。所以,中国生产业的产业结构优化是必然的。一方面金融业为新技术提供融资业务制造了需求,另一方面又进一步促进了中国金融业的不断发展。

在理论上,如文献 [29] 所述,拉法格在《美国托拉斯及其经济、社会和政治意义》一书中明确指出"资本主义已经演进到特殊阶段了",并用"金融资本"一词来描述这种工业资本与银行资本日趋融合的趋势,认为金融资本的形成是工业资本扩张的结果。随着企业生产规模的扩大,当其资本积累能力难以满足企业发展的需要时,股份公司制度的出现加速了产业部门的资本集中,进而又推动了银行资本的集中。它们相互渗透、相互依存,最终形成一种特殊类型的资本,即金融资本。由此可见,在拉法格来看,产融结合的含义就是工业资本与银行资本日益融合而成为金融资本的过程。

鲁道夫·希法亭(1877—1941 年)又进一步丰富和发展了金融资本理论。他根据股份公司在促进工业资本与银行资本相互渗透中的作用,认为银行信用推动了工业垄断资本的形成,但工业垄断组织反过来又推动了银行垄断资本的壮大,利益关联最终使银行资本与工业资本紧密融为一体。希法亭在《金融资本》一书中,把银行资本即实际转化为产业资本的货币形式的资本称为金融资本。对所有者来说，它总是保持货币形式，并由所有者将货币生息资本的最大部分转化为产业资本，即生产资本，并在生产过程中固定下来。用于产业资本的越来越多的部分是金融资本，即归银行支配的和由产业资本决定使用的资本。希法亭把信用和股份公司看作促进金融资本产生的有力杠杆，通过对两者的分析，揭示了银行资本和产业资本结合的机制和金融资本的形成过程。

20世纪80年代中期开始兴起的资源学派认为，每个组织都是独特的资源和能力的集合体，这一集合体构成了竞争战略的基础。资源基础论在20世纪90年代得到迅速发展，目前已经成为研究企业竞争力及竞争优势的一个主流学派。1984年，沃纳菲尔特（B. Wernerflet）在美国的《战略管理》杂志上发表了"公司资源学说"（A Resource-based View of the Firm），提出了公司内部资源对公司获得和维持竞争优势的重要意义。他认为："公司内部环境同外部环境相比，具有更重要的意义，对企业创造市场优势具有决定性的作用：企业内部的组织力、资源和知识的积累是解释企业获得超额收益、保持竞争优势的关键。"沃纳菲尔特的公司资源学说对20世纪90年代的企业战略理论研究产生了非常重要的影响，由于他的开创性研究及后来的罗曼尔特、里普曼、巴尼、库勒、皮特瑞夫等人的共同研究与拓展，公司资源学说得到了进一步完善和发展。特别是在1990年，普拉哈拉德（C. K. Prahalad）和哈默尔（Hamel）在追忆安德鲁森有关特色能力的原著基础上，向管理者提出了颇具影响力的核心能力概念（普拉哈拉德、哈默尔，《哈佛商业评论》，1990年5/6月号）。在普拉哈拉德和哈默尔来看，核心能力是为公司经营的各项业务提供线索的能力或技能。核心能力概念被提出后，尽管对管理者有强烈的吸引力，但它还没有提供出发展公司层次战略的实际方法，尤其是在实践中如何制定基于核心能力的战略时，由于缺乏对核心能力更为具体的描述，企业如何具体应用核心能力概念制定出有效的战略，目前似乎还是一件比较困难的事情，从而很少有公司能达到它们所追求的清晰度。

基于资源的公司战略，聚焦于企业所拥有的资源，试图用资源的构成和性质以及如何有效地整合利用这些资源来解释竞争中频繁出现的优胜劣汰现象。

如果说企业独特的资源和能力的集合体是构成企业竞争战略的基础，由此足以说明资源在企业中具有举足轻重的战略地位，那么，企业的资源究竟有什么特征呢？资源、能力、核心竞争力三者的逻辑关系又是怎样的？学者们关于资源分类的方式有许多种,其中比较有代表性的是科利斯、蒙哥马利等人将资源分为三类:有形资产、无形资产和组织能力。有形资产包括房地产、生产实施、原材料等;无形资产包括公司的声望、品牌、文化、技术知识、专利和商标,以及日积月累的知识和经验;组织能力不同于有形资产和无形资产,是资产、人员与组织投入产出过程的复杂结合,包括反映效率和效果的能力——更快、更敏捷、质量更高等。从企业的生产经营角度来看,企业的资源不外乎用于开发、生产、经营所需的所有人力、物力、财力和组织资源等,但如果考虑到企业进行资本经营的需要,企业仅仅拥有财务资源还不能满足企业对资本经营的要求,在此需要将企业拥有的一般财力资源扩展为金融资源。

谢杭生在其主编的《产融结合研究》中将产融结合界定为产业部门与金融部门之间资本相互结合的关系,是资本加速集中的有效形式[29]。张庆亮、杨莲娜在《产融型企业集团:国外的实践与中国的发展》一书中主张产融结合就是工商产业和金融业主要通过股权关系相互渗透,实现产业资本和金融资本的相互转化直接融合[30]。傅艳在其著作《产融结合之路通向何方》中指出,产融结合是产业经济与金融业在其发展过程中相互渗透和影响的过程[31]。

上述对产融结合发展实践的回顾和部分理论研究成果的回顾,从不同角度验证了本章对定融结合概念解释的合理性。狭义的产融结合是产业资本和以银行资本为代表的货币资本通过权益性融资统一以金融资本形式呈现的深度融合。在具体实践中,指金融业与工商企业通过股权、人事等方式走向结合,它是工商企业充分市场化和银行业充分商业化的必然产物,是产业投入产出过程与金融业融通资金过程的结合。市场是资本通过产融结合实现增值的场所,竞争机制是产融有效结合的催化剂。

通过考证历史上产业资本、金融资本的运动形式,我们可以从制度演进上得出一个清晰的发展轨迹:即二者经历了融合—分离—融合这样一种发展趋势。特别需要指出的是,金融资本与产业资本在经历了漫长的分离之后,金融资本已经发展成为国民经济中一个庞大而又十分重要的行业,作为金融资本的载体——金融组织形式早已不再是单一的银行制了,产业资本与金融资本的含义以及产融结合的含义也已经被赋予了新的时代内涵。

从产融结合的发展历程来看,无论是传统产业,还是现代产业的发展都需要产业资本的驱动,同时产业的发展也需要金融资本的支持和服务。近年来，国际上大公司、大集团收购兼并非常活跃，其主要目的就是通过产业整合、结构调整，实现资源重组，来进一步提高它的核心竞争力。特别是随着资本市场的高度发展，金融资本的发展直接推动着产业的发展。在这个过程中，投资银行就成了企业集团实现产业整合（资源整合）并形成其核心竞争力的一个有力手段。这些投资银行通过所谓资源整合和价值发现，推动了传统产业重组、加速了新产业成长、孵化了高科技风险产业，从而也获得了丰厚的回报，成为当今世界经济发展的助推器。产业资本与金融资本在企业中的融合生长，不仅适应了企业发展战略对资本运作方面的要求，而且也是企业整合内部资源，扩大公司控制市场的范围和影响力，增强其核心竞争力的内在要求。更重要的是，面对经济全球化的冲击，企业通过产融结合不仅有利于构筑国内市场防御体系，而且对于建设具有国际竞争力的优秀企业有十分重要的现实意义。国外大型企业发展的历史表明，企业走产融结合的发展道路，不仅是企业迅速发展壮大的一种成功发展模式，而且也反映了世界经济发展过程中产融结合的必然趋势。同时，世界发达国家的发展历史经验也表明，大国崛起会伴随着产融结合的出现，产融结合的发展又进一步推动了世界大国的崛起。

第三节 产融结合的模式

如前所述，产融结合的两类不同的定义来源于金融体系中两种不同的融资模式。如第二章所述，资金在金融体系中的流动分为直接融资和间接融资两个不同的过程。在现实经济生活中，权益类融资通常来源于直接融资，债务类融资通常来源于间接融资。这使得现实经济生活中影响产业结构调整的融资渠道也变得层次不同。

1. 基于直接融资的产融结合

直接融资以证券市场为主，主要通过一级市场和二级市场为企业筹措资金，并且利用市场机制来引导金融资金的流向。一级市场主要是指企业通过在证券市场上发行新的证券来筹集所需资金，以使市场上的增量资本很好地流向有发展潜力、真正有需求的某些企业和行业；二级市场则指的是通过股权交易转让来实现企业的并购和重组，使企业或行业的相关资源得以重新配置，实现资源优化，并最终实现产业结构的存量改变。

这一类产融结合目前主要有两种表现形式，一种是针对上市公司的市值管理，另一种是针对非上市公司的估值管理。

(1) 针对上市公司的市值管理

市值管理定义为在资本市场背景下，基于全流通的市场条件，上市公司基于市值的强烈信号，根据自身的不同需求，通过主动管理与上市公司的市值表现关系密切的因素，特别是越来越重要的外部变量，以达到在争取市值最大化的同时，使上市公司的市值与公司价值相平衡的目的。从市值管理的定义可以看出市值管理的实现手段就是在资本市场与外部变量之间找到动态平衡。

在上述过程中，公司价值是产业的度量，公司的市值是金融的度量。这里的产融结合，就是公司价值与公司市值的平衡，也是指产业与金融的相互协同。

文献[32]详细介绍了市值管理的具体方法，下面引用文献[32]的部分内容对市值管理与产融结合的关系进行阐述。

市值管理是一种长效机制，而非短期推高股价的工具。市值管理本质是维护上市公司价值水平的一种综合动态管理活动。2014年5月9日，国务院下发《关于进一步促进资本市场健康发展的若干意见》，鼓励上市公司建立市值管理制度后，证监会也研究了上市公司市值管理制度，鼓励上市公司通过制定正确的发展战略，完善公司治理，改善经营管理，实实在在地可持续地为公司创造价值。由于市值＝股本×股价，所以在股份数额不变的情况下，市值多少取决于股价高低。但从产融结合的角度看市值管理并不等同于维护或拉升股价。股价不过是上市公司内在价值的一个外在反映而已，受投资者情绪和市场整体走势等短期因素影响很大。上市公司内在的诸如公司治理、经营管理、投资者关系等才是市值管理的重点所在，公司只有平时注重不断修炼内功，长期来看公司股价表现方能给投资者以惊喜，公司市值才能保持持续稳定的增长态势。为实现此目的，公司应分析自身所处的行业环境，对公司在行业内的地位进行准确定位，发挥自身优势，制定战略目标，以上市为平台，以市值管理为方法与手段，确立产融互动的运作体系。首先，战略目标是适应和应对公司未来发展变化的产物，不是针对当前的利益取向和目标的工具。股价管理通过研究目前、未来以及未来各种变化及其规律，以市值为导向来指导企业进行未来发展方向和路径的选择。其次，股价管理的目的是通过主动管理指导企业健康地生存和长久稳定地发展,不是仅仅针对企业利润最大化而设计的方案。战略投资的市值管理是帮助企业稳定发展,避免发生大起大落的波动。战略目标是促使企业不断提升自身资金、技术、管理、市场、人才优势,促进产业结构升级,增强企业核心竞争力和创新能力。重视市值其背后的逻辑是通过主动管理发现企业运作中存在的问题,股价管理会通过市值管理的手段在资本市场的平台上用一种新的眼光来帮助解决企业发展中遇到的瓶颈问题。

由于市值=股本×股价,所以在股价不变的情况下,市值多少取决于股本多少,即股份数额。同样,从市值管理的视角,股本扩张需要与公司业绩同步才是最佳选择。

(2) 针对非上市公司的估值管理

如前面定义所述,估值主要是针对非上市公司而言,虽然面向上市公司的公开资本市场和面向非上市公司的私募资本市场的不同使得上市公司与非上市公司之间存在着很大的差异,但是这两个市场的相似性,使得可以借鉴上市公司的产融结合理解非上市公司的产融结合。即非上市公司的产融结合,依然应遵循公司价值与公司市值的平衡。公司的估值不过是非上市公司内在价值的一个外在反映而已。公司内在的诸如公司治理、经营管理等才是估值管理的重点所在,公司只有平时注重不断修炼内功,长期来看公司估值才能保持持续稳定的增长态势,给投资者以惊喜。对于欲购买企业者来说,想看到是这家公司真实经营业绩的准确刻画。如果企业创造了足够的利润,带来了经营价值,那么企业就拥有无形资产价值,对其投资就必须以不同的方式来计量。对于所创利润高于其资本成本的公司,其所有者对该企业投资的价值,就是企业未来预期回报的现值。这些预期回报越高,其所有者投资价值也就会越大。

2. 基于间接融资的产融结合

如前所述,以银行信贷为代表的债务类融资是产融结合的初级形式,也是一种非常常见的基于间接融资的广义产融结合。下面特别强调的是在现代经济生活中基于这一模式演变出了一种新的产融结合模式——企业集团模式。这种模式是大的企业集团为了谋求独特的和有价值的战略地位所采取的与众不同的发展战略和竞争策略。其具体形式是大的实体经济中的企业集团从自身发展需要出发，结合我国金融产业的发展现状，选择适合其发展的金融产业路径，自身发展金融产业。文献[33]对这些路径进行了详细阐述，下面引用文献[33]的这部分内容对这些具体实现路径进行介绍。

(1) 组建财务公司

财务公司是中国经济体制改革和金融体制改革的产物，是国家实施大公司、大集团战略，扶持大型企业集团发展壮大的配套政策的产物，可以说是与大型企业集团相伴而生。财务公司在我国的出现虽然只有十几年的历史，但由于其立足于企业集团内部金融服务，明显地节约了金融市场的交易成本，有力地促进了企业集团的发展，增强了企业集团的竞争优势，因而受到企业集团的普遍欢迎。因此，企业实施金融产业发展战略，走产融结合的道路，在政策许可的情况下组建财务公司是最有利于节约市场交易成本且相对风险最小的路径选择。但这条路径从目前的法规要求看，门槛高，仅限于大型企业集团选择。

(2) 入主证券业

企业实施金融产业发展战略，走产融结合的道路，入主证券业是一个十分重要且相对易行的路径选择。从证券业监管情况来看，通过发起成立或并购证券公司，目前都没有太大的政策障碍。企业集团投资控股证券公司，既可以利用证券公司的特定功能为企业集团资本经营提供全方位的服务，也可以通过分享证券业的丰厚利润获得高额回报。

证券公司在促进企业集团产融结合方面的具体功能可以概括为以下三个方面。

①可以作为连接证券市场资金供求双方的桥梁和纽带，帮助企业集团开辟直接融资的渠道，获得产业开发所需的资金。

②通过帮助企业集团实施并购兼并活动，既可以引导社会资本向优势产业聚集，又可以促进企业集团生产的集中和规模的扩大，进而实现资源的优化配置。

③通过参与证券市场交易，可以分享证券市场的丰厚利润，为企业集团的资本积累提供一个新的盈利模式。由此可见，证券公司在为企业集团连接资金供求双方、优化资源配置等方面发挥了巨大的作用，而这些恰恰是目前企业发展所缺少的功能。因此，企业集团无论在实施内部交易型战略，还是外部交易型战略，都需要证券公司在其中扮演积极角色，发挥更大的作用。

从法律法规看,证券公司这条路径的门槛低,易于普通的工商企业参与。

(3)入主投资基金业

企业集团在实施金融产业发展战略过程中,通过某种形式入主基金业,既可以提高企业集团内部资金的使用效益,又可以开辟一种新的产业融资渠道。

在众多基金类型中,真正与企业集团发展关系比较密切的是投资基金。投资基金一般是指以获取投资收益为目的募集并进行独立核算的资金。投资基金作为国际上通行的一种投资方式,通常包括证券投资基金、产业投资基金和创业投资基金三种形式。其中,证券投资基金在我国发展很快,目前已经具备了相当的规模,产业基金的规模近两年也日益发展壮大。投资基金在企业的具体功能可以概括为以下几个方面。

①为企业集团提供一种新的融资工具,开辟一种新的产业融资渠道,有效地实现"资源外取"战略。企业通过直接发起成立产业投资基金和风险投资基金,可以将社会上一些闲散的资金(金融资源)集中起来,用于企业开发一些有盈利前景的项目。这在一定程度上为企业集团提供了一种新的融资工具,开辟了一种新的产业融资渠道,为企业集团实现"资源外取"战略提供了一种新的可供选择的途径。

②通过投资基金专业理财功能,为企业集团闲置的流动资金提供了一种较为安全的套利工具。通过以某种形式间接发起成立开放式证券投资基金,并利用开放式证券投资基金申购与赎回的便利以及专业理财功能,在开放式基金寻找到盈利好的证券投资品种时,企业集团可以利用闲置的流动资金,加大对开放式基金的申购,以获取高于银行的存款利息且相对安全稳定的收益。

③为企业集团进行创业投资提供了一个更加可靠的孵化器。对于我国企业集团如何发展战略新兴产业和高新技术产业,世界许多国家尤其是美国和以色列都为我们提供了可资借鉴的成功经验。美国和以色列大力发展风险投资的实践表明,风险投资是促进战略新兴产业和高新技术产业发展的一个重要推动力。企业集团可以利用风险投资独特的投资理念和模式,通过发起成立风险投资基金,对创业初期难以在传统的投资模式下获得资金支持的高新技术中小企业给予一定的资金支持和必要的辅导。当这些科技项目孵化成熟后,即使在我国没有开设创业板市场的情况下,企业集团也可以凭借自己雄厚的资金实力,长期持有这些高新技术中小企业的股权,并推广这些高新技

术使其成为企业集团的核心竞争力。

企业入主基金业，一般可以通过发起组建投资基金的形式进入。目前我国证券投资基金准入条件有比较明确的依据，但对产业投资基金、风险投资基金等方面的立法研究还相对滞后，有关的准入条件现在还无从谈起。

（4）入主保险业

根据企业集团多元化发展的相关性理论和价值链理论，大型企业集团进入保险业有比较坚实的理论基础。其一，大型企业集团自身往往有比较庞大的固定资产，从产业的相关性角度看，为发展财险提供了一定的基础；其二，大型企业集团自身往往有几万名、几十万名的员工，再加上员工的家人和朋友，可以形成一个相对稳定的寿险市场，而这个相对稳定的客户网络，又可以产生一个相对稳定的家庭财产险和机动车险市场，从而使价值链得到有效延伸。因此，企业集团在实施金融产业发展战略过程中，在政策许可的情况下，应优先考虑通过组建保险公司进入保险行业。

保险业在企业集团的具体功能可以概括为以下三个方面。

①企业集团通过组建保险公司进入保险业，为保险资金进入资本市场开辟了一条新的融资渠道，增加了企业集团的资金融通功能。根据新修改的《保险法》，保险资金将主要用于资本市场。这样企业集团可以用保险公司的保费收入筹集扩大再生产所需的资金，在一定程度上缓解了企业集团的规模扩张所面临的资金压力。

②利用企业集团的资产及员工队伍网络，并依托保险公司的业务功能，可以使企业集团的价值链得到进一步延伸，从而使企业集团通过内部化市场间接获得一部分稳定的收益。

③企业集团进入保险业，可以促进资本市场和保险业的共同发展，实现企业集团产融结合的双赢局面。根据美国的发展经验，保险业是金融业的重要组成部分，是资本市场中最大、最有影响力的机构投资者。

（5）入主银行业

从产融结合的经典理论以及美、日等发达国家产融结合的实践来看，过去所谓的产融结合主要是指工商企业与银行的结合。为了有效实现企业集团的资源外取战略，企业在推进产融结合的过程中，应当设法至少入股或控股一家商业银行，从而进入银行业。这是企业实施金融产业发展战略的一项最基本、最核心的金融业务，也是健全企业集团金融功能的必然选择。

商业银行是在市场经济中孕育和发展起来的,它是为适应市场经济发展和社会化大生产需要而形成的一种金融组织。商业银行在现代经济活动中所发挥的功能主要有信用中介、支付中介、金融服务、信用创造和调节经济五项功能。企业集团控股后的商业银行,其上述五大功能在央行的货币政策调控下仍然可以继续发挥作用。但在企业控制下的商业银行,其具体功能主要包括以下几点。

①企业集团控股商业银行是实现资源外取战略的最有效手段,也为企业集团赋予了强大的融资功能。企业集团通过控股商业银行的储蓄功能,利用其可以吸收存款的有利条件,把社会上的各种闲散货币资金集中到银行,实行一种资源外取战略,从而实现了金融资源在企业集团的内部化。鉴于目前商业银行依然是企业集团进行外源融资的重要来源,因此这个转化过程实际上是企业集团把社会上闲散的外部金融资源通过控股后的商业银行进行了内部化,然后通过商业银行发放贷款,进而为企业集团的投资、开放、建设、生产、经营等事业提供全方位的信贷服务,有力地支持了企业集团进一步扩大再生产和实施高速扩张的战略,从而赋予了企业集团强大的融资功能。

②企业通过控股商业银行,将彼此的借贷关系内部化后,可以为企业大幅度降低交易成本,提高效益。目前企业的银行负债率普遍居高不下,财务费用在企业集团的盈利中占有较高比重,有的高达70%~80%,从而使企业集团几乎在为银行打工。这些财务费用对于银行来说就是收益,而母公司作为企业集团的实际控制人,一年的利润只有几亿元。如果企业通过控股商业银行将商业银行内部化后,企业的财务费用就从商业银行的利润进而又转化为企业集团的利润,这样一来,就可以大幅度地降低企业的财务费用支出,提高企业的经济效益。

③企业集团控股商业银行为企业构建金融产融产业体系、发挥金融业务的协同效应提供了一个资源共享的综合业务平台。鉴于商业银行在企业集团中的独特功能,必然会在企业集团构建的证券、保险、基金、信托、租赁等金融产业体系中居于核心地位,从而为企业集团以商业银行为核心建立金融综合业务平台奠定基础。通过构建金融综合业务平台,为企业与客户办理各种货币结算、货币收付、货币兑换、转移存款和银证转账,以及进行基金托管、销售开放式基金、代理销售保险等业务活动,从而使企业集团各金融企业实现资源共享,最大限度地利用业务网络资源,发挥金融业务的协同效应

和范围经济，进而形成竞争优势。

④可以加快企业资本的积累速度。实证研究表明，银行资本的利润率远远高于产业资本的利润率。

⑤可以迅速扩大企业的资产规模和销售收入。由于商业银行具有吸收存款的功能，可以使其资产规模和销售收入迅速扩大，有利于企业早日进入世界500强，从而扩大企业集团的影响力，提升企业的品牌和形象。

我国现行的《公司法》和《商业银行法》在今后相当一段时期内，是我国发展商业银行的重要法律依据。如果单从《商业银行法》规定的准入条件看，并没有禁止企业集团组建或参与组建商业银行的条文。《关于向金融机构投资入股的暂行规定》中规定，工商企业和企业集团财务公司在符合一定条件的前提下，可以向商业银行等金融机构投资入股，这就为企业集团组建或向商业银行投资入股提供了制度保障。

需要指出的是，对于实业企业发展金融业务，必须考虑以下几点。

第一，业务开展模式。

实业企业的金融业务应始终围绕国家战略与政策以及集团整体布局来开展，使金融板块与其他业务板块之间的协同效应发挥到最大，而非一味地做大金融板块。实业企业在制定金融板块战略时，就应在"内部金融优化""产融互促""以融促融"三种模式中，明确并细化未来该板块的定位与核心价值。

第二，牌照获取与管理方式。

金融业务的开展很大程度上取决于金融牌照的获取。由于实业企业进入金融服务业热情颇高，当前市面上金融牌照资源稀缺，竞争激烈，牌照价格也随之水涨船高。实业企业获取牌照的时机与成本显得尤为重要，将对资本回报率产生影响。同时，不同的牌照获取方式也会对日后的管控模式产生影响。例如，全资收购的牌照多采用成立事业部或子公司方式进行运营管理，而参股牌照则多采用财务或战略管控方式。

第三，业务发展速度。

随着越来越多的实业企业进入金融业，三种递进模式之间的演化速度不断加快。例如，华润集团通过超过5年时间才完成集中资金管理，而中联重科在2015年成立财务公司后，在2016年就宣布布局产业基金，推动产融结合。实业企业不可一味求大，尤其是在当前宏观经济不明朗的环境下，应始终结合集团整体战略与自身资本实力发展金融板块，稳中求胜。

第四，风险管理。

金融服务的核心是风险管理与定价能力。金融板块发展的不同阶段模式对实业企业的风控体系提出不同要求。"内部金融优化"模式要求企业建立内部风控能力；"产融互促"模式则尤其注重融资相关的风险管理，如信贷风险、利率风险等；而"以融促融"对企业能力提出了更高的要求，需建立跨金融业务条线的全面风险管理体系。

第五，人才管理。

这包括人才招聘与人才保留两方面。拓展金融业务的实业企业不仅需要金融行业专业人才，更需要"产业+金融"的复合型人才推动产融结合，以及跨金融业务人才促进联动。实业企业运用何种人才管理制度和激励机制将直接影响金融平台的能力构建。合伙人制、事业部制等是较为常见的模式。

第六，关键能力建设。

这包括客户综合服务能力、交叉销售能力、资本运作与融资能力、信息系统与数据处理能力、产品研发能力等。根据业务发展需求，企业需考虑发展哪些核心能力，通过什么方式发展，以及不同阶段应达到什么样的能力水平。

上述六大核心层面的规划与建设将帮助实业企业成功实现战略和执行落地，因此应与战略制定紧密结合，以保障转型升级的成效发挥到极限。

第四节　产融结合的意义

在经济全球化、产业升级加速、企业竞争加剧的今天，产融结合对加速产业的结构调整、优化产业结构和促进产业发展具有重要意义。

产业的发展水平对于一个国家的技术水平和经济发展水平具有重要决定意义。纵观人类文明发展史，每次里程碑式的工业变革都是由于技术的进步和创新而引发的产业变革。比如，作为生产企业代表的制造业直接体现着一个国家生产力水平的高低，成为国民经济的物质技术基础。中国已经成为制造业大国。近年来由于国内外发展环境的变化，经济增速换挡、结构调整阵痛、动能转换困难相互交织，制造业对经济稳定增长的作用呈下降趋势，甚至成为拖累。

随着经济全球化的全面推进，金融已发展成为世界各国市场经济的血脉。

金融服务业主要提供金融的存贷、社会资金收缩、扩放，金融领域消费的管理和设计，对金融产品设计，对消费支付方式提供和创新。由于金融服务业成为社会经济发展中不可缺少的重要服务手段，关注和研究金融服务业对产业发展起到关联作用并在实践中加以应用，对于提升一个国家产业的发展水平和解决产业发展中遇到的瓶颈问题具有重要意义。我国许多企业在实践中已开始重视和发展金融服务，通过产融结合来解决企业在不同发展阶段所面临的需求与痛点，保障实业主体获得更好发展。

总结而言，如参考文献[34]所述，实业企业发展金融服务的战略意义主要体现在以下几点。

（1）产业链上下游客户的需求

国内许多规模领先的大型实业企业根据其主业特征及产业链上下游客户的需求进行了相应的金融业务布局，如融资租赁、消费金融、汽车金融等，通过满足产业链上下游客户的金融需求，进而反哺及保障自身业务开展。例如，设备制造龙头厂商中联重科、西门子、三一重工等皆通过设立融资租赁业务，发挥其广泛的客户群体和对客户经营能力的掌握等优势，锁定上下游自有客户，以自身设备为业务聚焦，提供直租交易的租赁服务。此外，上汽集团设立汽车金融业务，为产业链下游的经销商与消费者提供融资服务，进而推动自身汽车销量。

（2）多元化的资金来源

随着实业企业逐渐迈入快速发展阶段，不仅大量提升了企业对资金的需求，同时也衍生出对低融资成本及多元融资渠道的需求。然而由于企业整体负债率高企致使融资规模不足，以及当前发债或贷款等借贷方式融资成本高等挑战使得企业本身及产业链的拓展受限。相反地，通过金融介入产业资本运作，可以满足实业企业资本运营中的资金需求且提供多元化的金融服务，促进企业快速实现经济规模及扩大经营规模。

（3）企业业务多元化发展与风险分散的需求

在经济发展放缓和主业市场竞争加剧的背景下，实业主体的发展或受到一定影响。通过进入其他行业有助于突破发展瓶颈，找到新的发力点，实现多元化发展，从而降低外部因素带来的风险。因此，企业可通过设立财务公司作为切入点，借助财务公司实现集团的内部资金集中，形成"资金池""票据池"，建立集团统一的资金、票据、外汇管理，实现集团统一收支，降低单个业务的运营风险。

（4）从资本回报率及企业估值实现企业利益最大化

国内产业资本在自身投资收益率下行的压力下，寻求高投资收益率行业并购的冲动越来越强。从行业数据分析来看，金融行业自身的盈利能力往往高于目前的生产型企业（如制造、基建等），主要原因是金融牌照稀缺，整体行业供给有限，行业的竞争没有海外充分，行业红利和垄断红利使得国内金融企业的投资收益率水平较高，这必然会吸引实业企业的资本转移。

需要指出的是，如第一章和第二章所示，产品流和资金流在形成过程中会包含诸多关键要素。比如产品流的形成会受到原材料、生产类型、盈利模式、创新性、流通结构、流通渠道等因素的影响；资金流的形成也会受到渠道、工具、市场、结构、政策、服务等因素的影响，这就造成了产融结合的实际效果会受到多方面因素的影响。这些关键要素之间有时又相互联结，即使彼此间是相互并列的关系，但并不代表彼此之间就是相互独立的。这给产业与金融要素间匹配的实施以及产业结构调整结果的综合评估带来了难度。过去在这方面定性分析居多，专家决策居多，精准性差；或者虽有部分数学模型，但由于对前提条件的依赖，实用性差；问题的解决主要依赖于人的判断和决策。

第四章

信息流与产业的结合

互联网的本质就是电子化和信息化，传播速度快是它的基本特点，它就像一条高速公路，给信息提供一个飞速前进的道路基础。互联网思维的本质是信息化思维。信息化思维主要体现在三个方面：一是信息的采集；二是信息的传播；三是信息的利用。基于互联网和移动互联网的商务应用，重点也是这些商务应用中的信息采集、信息传播和信息利用。基于互联网和移动互联网的信息流与前面第一章所述产业的结合，扩大了交换经济的作用范围，提高了交换效率，降低了交换成本，并改变了产品的生产方式和交易方式，使其由过去的以产品为中心向以客户为中心转变。

第一节 互联网与移动互联网

21世纪的一个重要特征就是数字化、网络化和信息化，21世纪是一个以网络为核心的信息时代。网络现已成为信息社会的命脉和发展知识经济的重要基础。网络的早期发展形式指互联网，目前随着移动互联网的发展，移动互联网越来越成为网络或互联网的代名词。

网络具有两个重要的功能。①连通性：指网络使其用户相互之间可以交换信息，好像这些用户的上网设备都可以彼此直接连通一样。②共享性：即资源共享。这里的资源共享可以是信息共享、软件共享，也可以是硬件共享。

网络（network）由若干结点（node）和连接这些结点的链路（link）组

成。连接在互联网上的计算机都叫主机（host）。网络把许多计算机连接在一起。互联网则把许多网络连接在一起。

网络发展的第一阶段是从单个网络 ARPANET 向互联网发展的过程。1983 年 TCP/IP 协议成为 ARPANET 上的标准协议。所以现在人们把 1983 年作为互联网的诞生时间。第二阶段的特点是建成了三级结构的互联网。三级计算机网络，分为主干网、地区网和校园网（或企业网）。第三阶段的特点是逐渐形成了多层次 ISP 结构的互联网，出现了互联网服务提供者 ISP（Internet Service Provider）。

互联网的迅猛发展始于 20 世纪 90 年代。由欧洲原子核研究组织 CERN 开发的万维网 WWW（World Wide Web）被广泛使用在互联网上，大大方便了广大非网络专业人员对网络的使用，成为互联网这种指数级增长的主要驱动力。

从互联网的工作方式上看，可以分为以下两部分。

（1）边缘部分：由所有连接在互联网上的主机组成。这部分是用户直接使用的，用来进行通信（传送数据、音频或视频）和资源共享。

（2）核心部分：由大量网络和连接这些网络的路由器组成。这部分是为边缘部分提供服务的（提供连通性和交换）。

处在互联网边缘的部分就是连接在互联网上的所有主机。这些主机又称为互联网端点系统（end system）。

在网络边缘的端点系统中运行的程序其工作方式通常可分为两大类：客户/服务器方式（Client/Server, C/S），浏览器/服务器方式（Browser/Server, B/S）。

在上述两种架构下，客户端不需要特殊的硬件和很复杂的操作系统。客户端被用户调用后运行，准备通信时主动向远地服务器发起通信（请求服务）。因此，客户程序必须知道服务器程序的地址。

在上述两种结构下，服务器端一般需要强大的硬件和高级的操作系统支持。服务器端程序是一种专门用来提供某种服务的程序，可同时处理多个远地或本地客户的请求。系统启动后即自动调用并一直不断地运行着，被动地等待并接受来自各地客户的通信请求。因此，服务器程序不需要知道客户程序的地址。

网络用于计算机之间的数据传送，而不是为了打电话。网络能够连接不同类型的计算机，不局限于单一类型的计算机。

从网络体系结构来看，相互通信的两个计算机系统必须高度协调工作才

第四章　信息流与产业的结合

行,而这种"协调"是相当复杂的。"分层"可将庞大而复杂的问题转化为若干较小的局部问题,而这些较小的局部问题就比较易于研究和处理。

计算机网络的体系结构（architecture）是计算机网络各层及其协议的集合。体系结构就是这个计算机网络及其部件所应完成的功能的精确定义。国际标准化组织 ISO 提出了开放系统互联 OSI 模型。OSI 参考模型是计算机网路体系结构发展的产物,其模型如图 4-1 所示。它的基本内容是开放系统通信功能的分层结构。这个模型把开放系统的通信功能划分为七个层次,从邻接物理媒体的层次开始,分别赋予 1,2,…,7 层的顺序编号,相应地称之为物理层、数据链路层、网络层、运输层、会话层、表示层和应用层。每一层的功能是独立的。它利用其下一层提供的服务并为其上一层提供服务,而与其他层的具体实现无关。[35]

图 4-1　OSI 标准七层模型

移动互联网是指采用智能终端通过无线网络或移动网络访问互联网。与传统互联网相比,移动互联网强调了智能终端的接入方式和无线网络的通信模式。世界无线研究论坛（WWRF）认为移动互联网是自适应的、个性化的、能够感知周围环境的服务,它给出的移动互联网参考模型如表 4-1 所示。各种应用通过开放的应用程序接口（API）获得用户的交互支持或移动中间件支持,移动中间件层由多个通用服务元素构成,包括建模服务、存储服务、移动数据管理、配置管理、服务发现、事件通知和环境监测等。互联网协议簇

· 53 ·

主要有 IP 服务协议、传输协议、机制协议、联网协议、控制和管理协议等，同时还负责网络层到数据链路层的适配功能。操作系统完成上层协议与下层资源之间的交互。硬件则指组成终端和设备的器件单元。与互联网相比较，移动互联网带来的不仅仅是访问形式的变化，更多的是其带来的技术基础、思维方式和商业模式的变化。

表 4-1 WWRF 定义的移动互联网参考模型

各种 APP		
开放 API		
用户交互支持	移动中间件	
	互联网协议簇	
操作系统		
计算机与通信硬件		

第二节 数据、信息和知识

互联网、移动互联网的发展，使得人类的经济活动越来越多地与网络相结合，也使得网络上留下了越来越多的印迹，即产生并存储了越来越多的数据。

数据是对客观事物的记录，用数字/文字、图形/图像、音频、视频等符号表示。数据经过数字化后能够被计算机存贮、处理和输出。数据本身是没有意义的。数据经过解释并赋予一定的意义之后，便成为信息。

例如，"20"是用数字表示的数据，它本身没有意义。将它放在数据库中"年龄"属性下，它被表示为"20 岁"；将它放在"价格"属性下，就表示为"20 元"。"20 岁"和"20 元"就成了信息。

信息是经过某种加工处理后的数据，是反映客观事物规律的一些数据。数据是信息的载体，信息是对数据的解释。同一事物的信息对于不同的个人或群体具有不同的意义。事物、数据和信息之间的关系如图 4-2 所示。

事物运动 → 记录 → 数据 → 解释 → 信息

图 4-2　事物、数据与信息之间的关系

知识是对信息内容进行提炼、比较、挖掘、分析、概括、判断和推论。知识是人们对客观世界的规律性的认识。知识是有规律性的信息，一般表示为关系、表达式或过程，知识能指导行动、发挥作用。根据经合组织（OECD）对知识的分类，知识可以分为以下 4 类：

(1) 知道什么是知识（Know-What，即事实知识），关于事实方面的知识。

(2) 知道为什么的知识（Know-Why，即原理知识），关于事物的客观原理和规律性的知识。

(3) 知道怎样做的知识（Know-How，即技能知识），用于改变世界的知识。

(4) 知道有谁的知识（Know-Who，即人际知识），知道谁能做哪些事的知识，即人际交往知识。

四种类型的知识可划分成两大类别：显性知识（理论知识）和隐性知识（实践知识）。

显性知识，指可以通过正常的语言方式传播的知识，以书本、报纸、杂志、计算机知识库等形式存储，便利交流、共享和转移。事实知识和原理知识属于显性知识。这类知识适用范围大，通用性强。

隐性知识，是隐含的经验类知识，它是个人或组织经过长期积累而拥有的知识，通常不易用言语表达，传播给别人比较困难。技能知识和人际知识属于隐性知识。

要从数据中提取信息，要从信息中发现知识，要求有一个坚固、可靠的大型数据库做后盾，建立这样一个数据库的任务是极其艰巨的。数据的质量问题也是令人头疼而又不可以掉以轻心的。虽然数据是宝贵的财富，但因为信息隐藏在数据中，并不易识别。为了在竞争中占得优势地位，必须识别和应用隐藏在所收集的数据中的信息。

目前，对互联网的应用，更多地体现在互联网信息的连接和共享上，或者说信息采集和信息传播上，比如随着银行等传统金融机构的信息化建设，对用户和交易信息的采集和验证变得越来越方便快捷；再比如随着 P2P、众筹等新型金融机构的产生，资金的供给方和资金的需求方信息传播地越来越快捷。但是信息的应用特别是知识的应用目前正处于起步阶段，比如有代表性的智能投顾的发展。

第三节　信息流给产业带来的变革

1. 信息流给商品的生产带来的变革

信息流给商品生产带来的变革的本质是工业创新要以用户需求为转型的核心驱动，借助互联网的灵活和广阔，结合大数据行业的数据管理与分析技术，通过信息系统和决策支持系统，让工业物理和信息空间融合同步，实现工业生产的自我意识和自我学习，形成预测监控系统的智能制造业大数据环境，帮助企业做出更"明智"的决策。其主要表现为：革新生产设备的管理模式，颠覆传统的同质生产，让大规模私人定制成为可能，预测市场，跨界精准制作。

短短几年间，大数据技术席卷了整个产业界。生产厂商通过对物联网、互联网、各种媒体所生成的各类数据进行汇总，根据大量数据研究其相关性和利用有用信息寻找规律和模式，使企业更好地适应变化。

智能供应链的建立是一个很好的例子。智能供应链是建立在高度自动化的数据分析技术和管理平台上，通过信息技术与运营技术结合形成，来帮助生产厂商从烦琐低效的手动工作中解放出来，实现供应链智能中心。[37]智能的供应链除了目前具有的智能支出分析、物料数据分类等功能外，还应加速与移动互联网、大数据、云计算、物联网等技术的融合，利用先进数据分析和预测工具，对实时需求进行预测与分析，增强商业运营及用户体验，实现更为复杂的供应链。

以福特公司为例，[38]"数据将让你自由"是首席执行官艾伦·穆拉利于2007年就任福特汽车公司CEO后常说的一句话。数据分析已经渗透福特公司的每一个活动中，从预测商品的价格到理解消费者真正需要什么，从公司应该为客户生产哪种车型到这种车型应该采购哪些零部件，再到是否要新增轿车和卡车的车型等。而背后支持这些活动的就是福特公司近200名大数据分析专家，他们分别来自不同学科，工作在福特称之为卓越分析中心的部门，他们会参与到福特公司各个部门，包括营销、研发以及信贷服务等。

自 2007 年以来，这些分析专家们在公司的各种战略调整和战术决策中起到了重要的作用。比如，决定哪些品牌和型号的汽车要停产，到底应该在哪里采购零部件和原材料，以及如何让经销商来调整他们的库存以提高销量等。要做到把合适的车交给合适的经销商，福特公司需要整合和分析多个数据流，包括它已经生产并售出的车的相关数据、已经销售但还在库存中没有提走的车的相关数据，以及到访公司网站搜寻汽车相关配置等数据。然后，再把这些数据与经济数据（包括就业率等）相结合来预测整车的销售情况。

目前，福特公司在数据分析上的投资回报主要集中在三个方面：确定客户想要什么，管理车辆的复杂性以及将恰当配置的汽车交付给合适的经销商，以确保在特定地理区域的用户可以买到想要的车。

福特的分析专家说，他们才刚刚开始触及一点大数据。在汽车行业，大数据的下一个应用前沿是车辆本身产生的数据流。由车辆产生的数据量是巨大的。比如福特的插电式混合动力汽车油耗 108 英里/加仑，而它每小时能生成数据 25GB。福特目前提供三种混合动力汽车。所有车都配备了嵌入式调制解调器，客户可以选择开启，从而把车辆相关数据传回制造商。福特会收集客户的每一次充电信息以便知道客户驾车在哪里充电，开了多远，其中多少是电动多少是汽油驱动，以及他们是否经常出行。这些数据都会帮助福特更好地定义下一个产品。数据分析使得福特可以更好地了解客户。如果汽车生产厂商可以知道人们如何使用它们的车以及如何谈论它们的产品，再看看它们如何与生产厂商的内部业务流程进行结合，汽车生产厂商就能做很多事情。

与大数据分析相结合的工作虽然复杂，实现起来有不少难度，但对于福特而言，最起码已经起步，并且福特已经把自己的未来紧紧地与大数据分析联系到一起。

ERP（企业资源计划）与工业生产的结合是另外一个典型案例。不同的生产类型对 ERP 软件有着不同的要求，而不同 ERP 软件供应商的产品也往往支持不同的生产类型。如第一章所述的制造业采用的生产类型按照从极端的离散型生产到完全的连续型生产，采用 Gartner 集团 1997 年 ERP 软件供应商指南中的分类方式可以细分为六种生产类型[39]。

（1）按订单设计（Engineer To Order，ETO）或按项目设计（Engineer To Project）

在这种生产类型中，一种产品在很大程度上是按照某一特定客户的要求来设计的，所以说支持客户化的设计是该生产流程的重要功能和组成部分。因为绝大多数产品都是为特定客户量身定制，所以这些产品可能只生产一次，以后再也不会重复生产了。在这种生产类型中，产品的生产批量很小，但是设计工作和最终产品往往非常复杂。在生产过程中，每一项工作都要特殊处理，因为每项工作都是不一样的，可能有不一样的操作，不一样的费用，需要不同的人员来完成。当然，一些经常用到而且批量较大的部分，如原材料等可以除外。

按订单（项目）生产类型是六种生产类型中最复杂的一种，它包括从接到客户产品要求进行设计到将最终产品交付客户使用的各个环节，因而对于 ERP 软件也有着非常高的要求。对用于该行业的 ERP 应用软件在主要模块和功能上有如下要求：必须有高度复杂的产品配置功能，能够支持有效的并行生产，支持分包制造，有车间控制与成本管理功能，高级的工艺管理与跟踪功能，多工厂的排程功能和计算机辅助设计与计算机辅助制造（CAD/CAM）集成功能。

（2）按订单装配（Assemble To Order，ATO）或按订单制造（Make To Order）

在这种生产类型中，客户对零部件或产品的某些配置给出要求，生产商根据客户的要求为客户定制产品。所以，生产商必须保持一定数量的零部件库存，以便当客户订单到来时，可以迅速按订单装配出产品并发送给客户。为此，需要运用某些类型的配置系统，以便迅速获取并处理订单数据信息，然后按照客户需求组织产品的生产装配来满足客户需要。生产企业必须备有不同部件并准备好多个柔性的组装车间，以便在最短的时间内组装出种类众多的产品。属于此种生产类型的产品有：个人计算机和工作站，电话机，发动机，房屋门窗，办公家具，汽车，某些类型的机械产品，以及越来越多的消费品。满足这种生产类型的 ERP 软件必须具有以下关键模块：产品配置（Production Configuration），分包生产，车间管理和成本控制，高级的工艺管理与跟踪功能，分销与库存管理，多工厂的排程，设计界面，以及集成模块。

（3）按库存生产（Make To Stock，MTS）

在按库存生产类型中，客户基本上对最终产品规格的确定没有什么建议或要求，他们的投入很少。生产商生产的产品并不是为特定客户定制的。但是，按库存生产时的产品批量又不像典型的重复生产那么大。通常，这类生产系统的物料清单只有一层，而且生产批量是标准化的，因而一个标准化的成本可以计算出来。实际成本可以和标准成本相比较，比较结果可以用于生产管理。属于按库存生产类型的典型产品有：家具，文件柜，小批量的消费品，某些工业设备。按库存生产类型是大多数 MRPII 系统最初设计时处理的典型生产类型，因此，基本上不需要特殊的模块来处理它。

（4）重复生产（Repetitive）

重复生产又被称作大批量生产，是那种生产大批量标准化产品的生产类型。生产商可能需要负责整个产品系列的原料，并且在生产线上跟踪和记录原料的使用情况。此外，生产商还要在长时期内关注质量问题，以避免某一类型产品的质量逐步退化。虽然在连续的生产过程中，各种费用，如原料费用、机器费用，会发生重叠而很难明确分清，但为了管理需要，仍然要求划分清楚。

重复生产类型往往用倒冲法（Backflush）来计算原材料的使用。即根据已生产的装配件产量，通过展开物料清单，将用于该装配件或子装配件的零部件或原材料数量从库存中冲减掉。它基于通过计算得出的平均值，而不是实际值。重复生产类型需要计划生产的批次，留出适当的间隔，以便对某些设备进行修理。

属于重复生产类型的产品有：笔，用于固定物品的装置（如拉链），轮胎，纸制品，绝大多数消费品。适用于重复生产类型的 ERP 系统需要具备如下关键模块或功能：重复生产，倒冲法管理原料，高级库存管理，跟踪管理和电子数据交换（EDI）。此外，那些生产健康用品和安全用品的企业，则有更高的要求，可能需要对原料来源、原料使用、产品的购买者等信息进行全面的跟踪和管理。

（5）批量生产（Batch）

在批量生产类型中，处于生命周期的初始阶段的产品可能会有很大变化。在纯粹离散型生产中，产品是根据物料清单装配处理的，而在批量生产类型中，产品却是根据一组配方或是原料清单来制造的。产品的配方可能由于设备、原材料、初始条件等发生改变。此外，原材料的构成和化学特性可能会有很大的不同，所以得有制造一个产品的一组不同的配方。而且，后续产品的制造方法往往依赖于以前的产品是如何造出来的。在经过多次批量生产之后，可能会转入重复生产类型。批量生产的典型产品有：医药，食品饮料，油漆。适合于此类生产类型的 ERP 系统必须具有实验室管理功能，并具备允许产品的制造流程和所用原材料发生变化的能力。关键模块有：并发产品

(co-products) 和副产品 (by-products), 连续生产, 配方管理, 维护, 营销规划, 多度量单位, 质量和实验室信息管理系统。

(6) 连续生产 (Continuous)

在连续生产类型中, 单一产品的生产永不停止, 机器设备一直运转。连续生产的产品一般是企业内部其他工厂的原材料。产品基本没有客户化。此类产品主要有: 石化产品, 钢铁, 初始纸制品。适合于连续型生产的 ERP 系统的关键模块有: 并发产品 (co-products) 和副产品 (by-products), 连续生产, 配方管理, 维护, 多度量单位。

因为不同的生产类型对 ERP 软件有着不同的要求, 而不同 ERP 软件供应商的产品也往往支持不同的生产类型, 或在某种生产类型上有优势。所以, 了解一些关于生产类型的知识, 对于那些计划实施 ERP 或对 ERP 感兴趣的企业及其负责人员来说, 是件很有必要而且有益的事。对于计划实施 ERP 的客户来说, 明确自己企业的生产类型, 定义清楚该生产类型对 ERP 软件的具体要求, 然后在满足这些要求的 ERP 软件中挑选最合适的供应商, 是首先必须完成的工作。否则, 在众多 ERP 供应商中无目的地挑选既有可能迷失方向, 浪费时间, 还有可能造成直到在实施过程中才发现软件功能与企业的生产类型不相适应但为时已晚的恶果。

2. 信息流给商品的流通带来的变革

从商业发展史来看, 商业经营方式的每一次重大革命都与科学技术的进步息息相关, 超级市场的兴起、连锁经营的发展、无店铺销售的出现无一不依赖于科技的发展。由于计算机和网络技术的应用, 流通业一体化趋势加强, 现代商业企业的组织化程度不断提高, 规模不断扩大。商业在传统观念中被认为是劳动密集型行业, 但是现代商业领域的技术含量却在逐渐增大。大量现代商业企业开始应用条码技术、商业自动化技术、网络技术、多媒体技术、图像图形技术、自动监控和监测技术、物流配送技术等信息技术改造传统的经营管理方式, 提高商业运营效率, 减少经营管理费用。商业企业的价值链中, 劳动力的贡献在减少, 信息技术对企业的贡献在显著增加。从实质上看, 现代商业企业已成为信息密集型企业, 主要依赖信息流动来获得竞争优势和实现经营目标。

如第一章所述, 和生产型企业一样, 商业型企业也面临着竞争战线的前移。竞争的核心阵地逐渐前移至信息处理和流通方面。只有更快、更准确地信息处理、迅速的信息流动和快速反应、订货更及时、商品结构更合理、物流更顺畅、资金流通更迅速，才能形成现代商业企业的竞争优势。

在市场经济体制下，商贸企业必须非常审慎地根据市场的需求来组织进货，其过程可以表示为：需求—采购—交换。即根据市场需求决定商品采购，向生产商订货，然后再进行批发和零售。从商贸企业商务过程来看，则可以划分为：市场需求统计—制订商品采购计划—实现商品采购—商品库存—商品配送到商场（店）—商品销售—售后跟踪（或服务）等环节。而在这一系列过程中，电子工具与人的结合几乎可以在每个环节发挥积极的作用。[40]

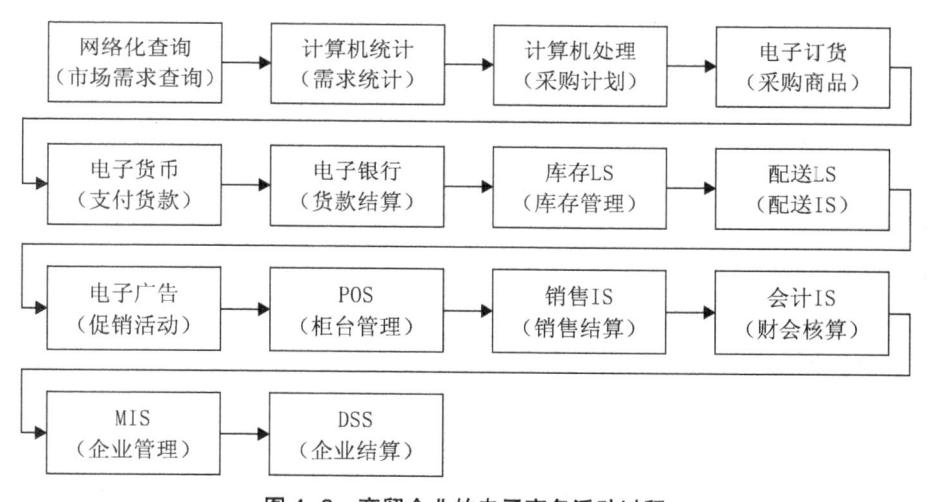

图 4-3 商贸企业的电子商务活动过程

注：上图中在进货和销售环节都存在电子货币、电子银行环节，但为了简便起见，图中没有重复画出。另外电子商务链可以从尾接到头，形成闭环。

通过图 4-3 我们可以看到，由于商贸企业没有生产环节，所以其电子商务活动几乎覆盖了企业整个的经营、管理活动，是利用电子商务最多的企业。通过电子商务，商贸企业可以更及时地获取消费者信息，准确订货，并通过电子网络促进销售，从而提高效率，降低成本，获得更大效益。在当今社会，若不采用电子商务，商贸企业将很难参与竞争，甚至很难生存。

相比传统企业营销，电子商务环境下商业企业市场营销特点发生了很大变化，主要表现在以下 5 点。

（1）商品交易的形式发生了变化。传统的市场营销，是在有形的市场上进行交易，交易双方面对面洽谈业务，而电子商务营销通过互联网传递信息，在网上完成交易活动。

（2）营销策略发生了变化。传统的市场营销有完善的促销方式，但电子商务营销由于销售方式发生了变化，传统的营销策略已经不适合或不能满足需要，应建立适应电子商务营销的营销策略。

（3）商品交易的对象发生了变化。传统的市场营销有特定的交易对象，而电子商务营销针对的是网络客户，客户群体发生了变化，电子商务客户有独特的消费心理和消费需求。

（4）商品交易的范围发生了变化。从交易的地域来看，电子商务营销比传统营销有着更广泛的范围，可以在全球范围内销售商品。但电子商务营销的商品有一定的限制，并非所有商品都适合在网上销售。

（5）交易双方的交流方式发生了变化。电子商务营销利用电子化手段传递信息，交易双方交流顺畅，使客户在营销过程中的地位得到提高，电子商务营销是一种互动式的定制营销，企业可以根据客户的要求改进产品设计，引导客户消费。

上述5种表现在实际的商务运营中可以划分为如下两个阶段。

（1）网络营销运营阶段

营销运营是一个系统工程，涉及很多方面，需要结合企业自身的实际情况对市场需求进行分析，然后有针对性地进行推广，并做好营销过程的数据统计，包括展示量、浏览量、咨询量、客户偏好、订单、售后服务问题、转换率、成本等，再加上CRM产生的销售数据、采集指标，就可以进行数据汇总分析。根据这些数据可以不断地完善营销工作，并且为第三阶段的品牌运营打下基础。

目前常见的网络营销手段有网络广告、搜索引擎、网盟推广、B2B平台、行业平台、销售促进、站点推广和关系营销。

①网络广告

网络广告已经形成了一个很有影响力的产业市场，因此企业的首选促销形式就是网络。网络广告类型很多，根据形式不同可以分为旗帜广告、电子邮件广告、电子杂志广告、新闻组广告、公告栏广告等。网络广告主要是借助网上知名站点（如IPS或者ICP）、免费电子邮件和一些免费公开的交互站点（如新闻组、公告栏）发布企业的产品信息，对企业和产品进行宣传推广。网络广告作为有效且可控制的促销手段，被许多企业用于在网上促销。

②搜索引擎

目前国内的搜索引擎以关键词竞价排名（按点击付费）为主，这种广告模式的优点有以下几点：第一，见效快，出价后关键词可以马上进入搜索结果前10；第二，关键词数量无限制，可以在后台设置无数的关键词进行推广，如铝扣板厂家，铝扣板定做，铝扣板，铝天花厂家等；第三，可针对区域进行广告投放，如对重庆、北京、四川进行重点投放。缺点：排名变化大，竞争大的词单价高，恶意点击造成的成本浪费（推销业务员，同行），不过根据目前的百度指数分析，有些行业，比如上面例子中铝扣板、铝天花还不算是搜索引擎竞争激烈的行业。先入还是有优势。

③网盟推广

网盟推广，是比较全面、精准、持续的新一代广告系统，凭借领先的互联网大数据分析及投放技术，依托国内最大的网络联盟体系，让企业广告拥有很强的覆盖能力。也是网络营销经常用到的推广方式。

④B2B 平台推广

目前国内的最大的 B2B 平台是阿里巴巴，然后还有中国制造、环球资源，这几个平台都有国际站。B2B 平台自身也有广告系统、竞价排名或是固定展位。

⑤官网 SEO 优化

SEO 是指在了解搜索引擎自然排名机制的基础上，对网站进行内部及外部的调整优化，改进网站在搜索引擎中的关键词自然排名，获得更多流量，从而达成网站销售及品牌建设的目标。

其实就算没有 SEO 这个概念，在网站运营过程中对网站结构的优化，随着用户体验的提升和网站内容的不断更新，也可能达到 SEO 的效果。

⑥其他广告（免费广告）

在网络运营的过程中，我们除了用商业广告作为重要的推广方式外，还可以使用任何一种可能增加我们产品或企业曝光率的平台。如百度知道、词条、地图以及第三方平台的免费信息发布等。

⑦销售促进

销售促进就是企业利用可以直接销售的网络营销站点，采用一些销售促进方法，如价格折扣、有奖销售、拍卖销售等方式，宣传和推广产品。

⑧站点推广

站点推广利用网络营销策略扩大站点的知名度，吸引上网者访问网站，起到宣传和推广企业以及企业产品的效果。站点推广主要有两大类方法：一类是通过改进网站内容和服务，吸引用户访问，起到推广效果；另一类是通过网络广告宣传推广站点。前一类方法费用较低，而且容易稳定顾客访问流量，但推广速度比较慢；后一类方法，可以在短时间内扩大站点知名度，但费用不菲。

⑨关系营销

关系营销是借助互联网的交互功能吸引用户与企业保持密切关系，培养顾客忠诚度，提高企业收益率。

（2）品牌运营阶段

品牌运营是从多个维度考验企业综合运营能力，比如企业形象打造、产品质量、客户服务、品牌认知、营销策略等。

品牌营销的首要任务是在消费者心目中建立清晰的品牌认知，也就是说，品牌要和其他同类产品完成清晰的区隔。要建立这种区隔，首先我们要知道消费者最需要什么，或者理解为我们怎么用一句话打动客户并让客户记忆深刻。

其实在前面的营销运营中，我们已经为品牌运营打下了一些基础。例如，优化后的企业形象、官方网站，以及统一的产品标准、数据分析基础、广告效果评估等，有了这些就可以进一步加大优质广告的投放力度（这个阶段可能会涉及一些门户、视频等网络媒体的广告投放），加深客户认知。

互联网广告可以与传统广告采用统一的广告形象，统一的客户认知，通过电视媒体、报纸、户外、合作赞助，也可以引导线下广告客户通过终端进入官网，持续加深品牌形象。

网络运营部不仅是负责网站运营、网络营销策划，还是一个企业的数据中心，它可以负责采集企业所有的运营数据进行分类总结，并在需要的时候进行数据分析，为管理者做决策、做数据支撑。

以特易购（TESCO）公司为例[42]，特易购（TESCO）公司成立于1932年，是英国最大的零售公司，也是世界三大零售商之一。这家英国超级市场巨人基于信息流进行精准营销和品牌运营，从用户行为分析中获得了巨大的利益。它通过分析用户的购买历史记录来建立模型，量身预测用户未来的购物清单，进而设计促销活动和个性服务，让用户源源不断地为之埋单。从其会员卡的用户购买记录中，特易购可以了解一个用户是什么"类别"的客人，如速食者、单身、有上学孩子的家庭等。这样的分类可以为其提供很大的市场回报，比如，通过邮件或信件寄给用户的促销可以变得十分个性化，店内的促销也可以根据周围人群的喜好、消费的时段来更加有针对性，从而提高货品的流通。这样的做法为特易购获得了丰厚的回报，仅在市场宣传一项，就能帮助特易购每年节省3.5亿英镑的费用。

特易购每个季度会为顾客量身定做6张优惠券。其中4张是客户经常购买的货品，而另外2张则是根据该客户以往的消费行为数据分析极有可能在未来会购买的产品。仅在1999年，特易购就送出了14.5万份面向不同的细分客户群的购物指南杂志和优惠券组合。更妙的是，这样的低价无损公司整体的盈利水平。通过追踪这些短期优惠券的回笼率，了解到客户在所有门店的消费情况，特易购还可以精确地计算出投资回报。虽然发放优惠券吸引顾客其实已经是很老套的做法了，而且许多的促销活动实际只是来掠夺公司未来的销售额。然而，依赖于扎实的数据分析来定向发放优惠券的特易购，却可以维持每年超过1亿英镑的销售额增长。

特易购建有会员数据库，通过已有的数据，就能找到那些对价格敏感的客户，然后在公司可以接受的最低成本水平上，为这类顾客倾向购买的商品确定一个最低价。这样的好处一是吸引了这部分顾客，二是不必在其他商品上浪费钱降价促销。特易购这家连锁超市在其数据仓库中收集了700万部冰箱的数据。通过对这些数据的分析，进行更全面地监控并进行主动维修以降低整体能耗，从而可以做到精准运营。

所以，以大数据来打造简单商业是目前商业企业的发展趋势。结合数据变化及商业需求，给大众提供简化、明了、易懂的产品组合，让顾客不用费太多脑筋在商品选择上，这种让消费者无须费脑力的指导性商业行为其实也是体验消费的构成部分。如果坚持下去且得到公众认同，这种类似"商业傻瓜型"的购买行为会带来强大的消费黏性，其独特体验感有可能成为企业的核心竞争力。服务业态上的多种选择和商品组合购买上的无须选择将会成为商贸市场上的重要规则。

以上对信息流给产业带来变革的表现形式进行了阐述。需要指出的是，从产融结合的角度看，这些表现形式更深层次的含义是基于互联网、移动互联网形成的信息流又基于商品生产和商品流通形成了一个虚拟化的数字空间。这个数字空间中存放的是数据，承载的是信息，蕴含的是知识。

第五章

信息流与金融业的第一类结合

信息流与金融业的第一类结合是金融的互联网化。信息技术的发展促进了传统金融业技术的创新，采用了新的管理系统、组合了新的生产要素。在第三章所说的传统产融结合的基础上，信息技术的采用促进了产融结合效率的提高。但从产融结合的核心要素上看，此时的产融结合与传统产融结合并无明显区别，所以还处于同一阶段。在这一阶段金融资本的形成依然基于信用。基于信用各种资本以金融资本的形式统一在一起，金融资本依然是产融结合的表现形式。信用的取得依赖于专家决策，详细可见本书第七章第一节"常用信用风险管理战略及资本风险管理战略"。但在信息化条件下，信用开始以网络数据即数字化信息的形式存储和呈现。总的来说，这一类的金融互联网化是指涵盖了传统金融各个业务领域的互联网创新，比较成熟的发展形态包括网上银行、网上证券、网上期货、网上保险、网上基金、网上信托等互联网金融形态。

第一节 网上银行

广义上，网上银行是指传统银行业的互联网化。

在激烈的竞争中，创新是满足客户个性化需要的法宝。在商业银行面临全球金融一体化和国内银行激烈竞争的困境的时候，求变求新就成了商业银行的必然选择。一方面，据有关资料统计，国内商业银行收入的70%~90%来自于存贷利差,近几年来存贷利差日益缩小,银行业已步入微利时代。而降息将使银行减少300多亿元的利息收入,这基本是纯利润(固定费用已扣除);另一方面,外资银行的进入和股份制商业银行的崛起,对外资企业、合资企业、效益好的国有企业和民营企业等20%的优质客户的争夺更加激烈,特别是对于4%的高端客户,竞争尤剧。因此在传统业务竞争激烈、拓展困难的情况下,依靠创新吸引客户增加收入就是一条最佳途径。

金融创新能为商业银行带来丰厚利润。通过金融创新,商业银行能够提高组织效率和经营效率,增加收入降低成本,特别是增加收益率、提高银行竞争力。迈克尔·波特说,取得竞争优势的方法有二:其一是成本领先;其二是别具一格。只有超过竞争对手的那部分能力,才是现实的竞争力,才能以此取得竞争优势。开辟新的战场,行于无人之境,把对手远远抛在后面,这样的竞争当然能获全胜。金融创新,也就是区别于竞争对手,在特定的领域以自己的特色形成局部垄断,从而战胜对手。

一、金融产品创新

如第二章所述,金融创新是将金融领域内部的各种不同要素进行重新组合的创造性变革所创造和引进的新事物,主要包括金融市场创新、金融机构创新、金融资源创新、金融科技创新和金融管理创新。这几种创新可以作为一个整体完善和提高整个金融体系的综合效能。但是对于具体一家商业银行而言,创新应该从自身实际的具体特点出发,抓住商业银行自己可以掌控的金融创新切入点,以期达到事半功倍的效果。目前商业银行金融创新的一个着力点是金融产品创新。商业银行是通过金融产品为客户提供服务的,银行可以根据客户的需求和市场的发展,在法律法规允许的范围内自主地进行产品开发和创新,本着平等互利的原则与客户商量量身定制金融产品。也就是说,商业银行要进行利润空间的扩张,提高收益率,可以通过为客户提供特殊的个性化服务的方法去实现。客户愿意出高价格购买的当然是商业银行的功能性服务,而提供这些功能性服务的就是银行的产品。因此,银行金融产品的特殊功能,是银行获取竞争优势和高额利润的源泉。相对于其他金融创新方式,金融产品创新无论从创新难度,还是涉及面、影响力来看都较小,也不需要其他银行齐头并进,各个银行可以独立进行。因此,金融产品创新是商业银行金融创新的先导和着力点。

金融产品在创新过程中要注意与我国国情相结合。要充分利用后发优势规律，在金融产品创新过程中，面对国际金融业（先发者）所创造出的上万种金融产品和规避抵御金融风险的无数成功经验，通过分析、研究、比较、总结等方法，从中找出既符合我国国情又能规避风险并带来利润的金融产品，缩短在"黑暗中探索"的时间直接进入较高阶段。规避金融产品新产生风险的方法主要在于强化内控。金融风险与金融创新常常相伴相生，在产品创新时应当注意做到金融风险可控，特别是强化内控。只要内部管理监控合理到位，即使杠杆效应强、风险大的衍生品，其风险也可以控制。

二、金融机构创新

商业银行金融创新的另一个着力点是金融机构创新。互联网技术为银行业机构的金融创新提供了条件。银行作为传统货币金融的中流砥柱，虽然长久屹立不倒，却受到最开始的"通道"服务、基金代销，再到目前"余额宝"所呈现的互联网金融体系不断冲击。在10多年前，互联网与银行的结合是从技术支持上开始的。当时互联网公司主要是帮助银行把实体店业务搬到网上，仅仅是作为一种工具为金融行业扩大规模和范围。2001年，国内的第三方支付不断兴起，它的最大问题是门槛低，价值有限，简单地做网关软件而并不深入。到2005年，新支付企业包括易宝、支付宝、财付通等逐渐发展起来，呈现出一种全新的模式。第三方支付开始具有更高的技术含量，业务模式也变得更加多元化。随着电子商务和第三方支付的成熟，2007年前后，互联网与银行的结合已经从技术领域进一步扩展到了金融业务领域，依靠先进的计算机网络技术积极开展金融创新，国内各家商业银行抓住历史机遇，纷纷推出了覆盖网上银行、电话银行、手机银行、自助终端以及ATM、POS等多渠道的电子银行综合服务体系。电子银行的出现大幅降低了银行的经营成本，显著缓解了柜面人员的工作压力，拓宽了银行新的服务渠道。通过十几年互联网应用的发展，银行已经积累了一批对于金融和互联网都有较为深入了解的人才，他们构成了互联网非金融机构短时间难以达到的优势。

在发展方向上，从银行的角度来看，应当把互联网金融作为一个综合支付、理财、融资和外汇合作的平台战略来理解。它主要有三个特点，第一个特点是大数据平台,通过这些平台积累的客户数据,银行可以认识客户,了解客户。第二个特点,银行可以搭建一个缴费平台,让银行从中变成一个信息的提供者、一个联系的服务商。第三个特点就是强调客服,通过银行实现综合化的服务。银行和外界跨界合作中的创新是该平台战略的重点。

从客户角度看,面对强大的互联网市场冲击,银行服务的主要客户群体近年来正在发生转变,依赖互联网的人群将成为银行服务的重要对象,因此商业银行必须加入互联网金融的命题中去,创造一个互联网银行也随之成了许多银行家的设想和愿望。狭义上,互联网银行是指纯线上的直营银行,这些银行一般不通过传统的营业网点和柜台服务,而是通过电话、信件和ATM,以及后来通过互联网和移动终端来提供银行服务。

三、互联网银行举例

互联网银行最早出现于20世纪80年代的欧美国家。由于在互联网技术发展和应用方面的优势,美国的互联网银行渐渐脱颖而出,数量也最为集中,基本代表了互联网银行的发展状况和趋势。人们普遍将1995年10月美国SFNB的成立作为互联网银行诞生的标志。

第二节 网上证券

证券是商品经济和社会化大生产发展的产物,是多种经济权益凭证的统称,也指专门的种类产品。证券的含义非常广泛,从法律意义上说,证券是指各类记载并代表一定权利的法律凭证的统称,用以证明持券人有权依其所持证券记载的内容而取得应有的权益。它主要包括资本证券、货币证券和商品证券等;从一般意义上来说,证券是指用以证明或设定权利所做成的书面凭证,它表明证券持有人或第三者有权取得该证券拥有的特定权益,或证明其曾经发生过的行为;狭义上的证券主要指的是证券市场中的证券产品,其中包括产权市场产品如股票,债权市场产品如债券,衍生市场产品如股票期货、期权、利率期货等。下面针对狭义上的各种证券产品以及它们与互联网的关系进行介绍。

一、债券

债券（bonds/debenture）是一种金融契约，是政府、金融机构、工商企业等直接向社会通过借债筹措资金时，向投资者发行，同时承诺按一定利率支付利息并按约定条件偿还本金的债权债务凭证。债券是一种有价证券，由于债券的利息通常是事先确定的，所以债券是固定利息证券（定息证券）的一种。债券的本质是债的证明书，具有法律效力。债券购买者或投资者与发行者之间是一种债权债务关系，债券发行人即债务人，投资者（债券购买者）即债权人。

美国的债券市场主要是以工商企业和政府发行的短期债券为主。美国政府短期债券发行量占据了政府债券发行量的40%。除此之外，不少的地方政府、地方公共机构也发行地方政府债券。这些债券被誉为安全性仅次于"金边债券"的一种债券。美国工商企业发行的债券产品更是在美国债券市场中占据了举足轻重的地位且种类繁多。美国的债券流通是以场外交易为主的交易市场，电子化交易系统的普遍应用也大大促进了流通市场的活跃。债券市场的日交易量是纽约股票交易所日交易股票数量的13倍之多。政府债券及政府支持机构发行的债券十分活跃。美国债券投资者主要以银行、基金、个人、保险公司、国外和国际机构投资者等为主，各类投资者持有债券比例比较平衡。

在我国债券市场中，政府债券占相当大的比重。其中国库券和央行票据占债券市场的比重达到近70%，且大部分为5~10年的中长期债券。企业债券占的比重非常小。我国债券流通以沪深证券交易市场、银行间债券交易市场和证券经营机构柜台交易市场为主。交易量比较小，整体换手率也仅是美国债券市场的1/10。我国债券投资者主要有国有商业银行、股份制商业银行、城市商业银行、农村信用社、保险公司、证券公司、基金管理机构等。我国证券市场参与者数量虽然众多，但债券持有比例极不均等，外资机构参与度较低。

债券的发行价格，是指债券原始投资者购入债券时应支付的市场价格，它与债券的面值可能一致，也可能不一致。理论上，债券发行价格是根据债券的面值和要支付的年利息按发行债券当时的市场利率折现所得到的现值。

由债券的发行价格可见，票面利率和市场利率的关系影响到债券的发行价格。当债券票面利率等于市场利率时，债券发行价格等于面值；当债券票面利率低于市场利率时，企业仍以面值发行就不能吸引投资者，故一般要折价发行；反之，当债券票面利率高于市场利率时，企业仍以面值发行就会增加发行成本，故一般要溢价发行。

人们投资债券时，最关心的就是债券收益。为了精确衡量债券收益，一般使用债券收益率这个指标。债券收益率是债券收益与其投入本金的比率，通常用年率表示。债券收益不同于债券利息。债券利息仅指债券票面利率与债券面值的乘积。但由于人们在债券持有期内，还可以在债券市场进行买卖，赚取价差，因此，债券收益除利息收入外，还包括买卖盈亏差价。

公司公开发行债券通常需要由债券评信机构评定等级。债券的信用等级对于发行公司和购买人都有重要影响。这是因为：

（1）债券评级是度量违约风险的一个重要指标，债券的等级对于债务融资的利率以及公司债务成本有着直接的影响。一般来说，资信等级高的债券，能够以较低的利率发行；资信等级低的债券，风险较大，只能以较高的利率发行。另外，许多机构投资者将投资范围限制在特定等级的债券之内。

（2）债券评级方便投资者进行债券投资决策。对广大投资者尤其是中小投资者来说，由于受时间、知识和信息的限制，无法对众多债券进行分析和选择，因此需要专业机构对债券还本付息的可靠程度进行客观、公正和权威的评定，为投资者决策提供参考。

国际上流行的债券等级是3等9级。AAA级为最高级，AA级为高级，A级为上中级，BBB级为中级，BB级为中下级，B级为投机级，CCC级为完全投机级，CC级为最大投机级，C级为最低级。

债券基金是一种以债券为投资对象的证券投资基金，它通过集中众多投资者的资金，对债券进行组合投资，寻求较为稳定的收益。随着债券市场的发展，债券基金也发展成为证券投资基金的重要种类，其规模仅次于股票基金。

二、股票

股票是股份公司为筹集资金而发行给各个股东作为持股凭证并借以取得

股息和红利的一种有价证券,是股份公司在筹集资本时向出资人发行的股份凭证,代表着持有者(即股东)对股份公司的所有权。股票至今已有将近400年的历史,它伴随着股份公司的出现而出现,股份公司的变化和发展产生了股票形态的融资活动;股票融资的发展产生了股票交易的需求;股票的交易需求促成了股票市场的形成和发展;而股票市场的发展最终又促进了股票融资活动和股份公司的完善和发展。

股票是股份公司资本的构成部分,可以转让、买卖或作价抵押,是资本市场的主要长期信用工具,但不能要求公司返还其出资。同一类别的每一份股票所代表的公司所有权是相等的。这种所有权为一种综合权利,如参加股东大会、投票表决、参与公司的重大决策、收取股息或分享红利差价等,但也要共同承担公司运作错误所带来的风险。获取经常性收入是投资者购买股票的重要原因之一,分红派息是股票投资者经常性收入的主要来源。股票是大企业筹资的重要渠道和方式,也是投资者投资选择的基本选择方式。

世界上最早的股份有限公司制度诞生于1602年,是在荷兰成立的东印度公司。股份有限公司这种企业组织形态出现以后,很快成为企业组织的重要形式之一。伴随着股份公司的诞生和发展,以股票形式集资入股的方式也得到发展,并且产生了买卖交易转让股票的需求。这样,就带动了股票市场的出现和形成,并促使股票市场完善和发展。1611年东印度公司的股东们在阿姆斯特丹股票交易所就已进行了股票交易,并且后来有了专门的经纪人撮合交易。阿姆斯特丹股票交易所成了世界上第一个股票市场。

股票交易市场分为一、二、三、四级市场。

一级市场(Primary Market)也称为发行市场(New Issue Market),它是指公司直接或通过中介机构向投资者出售新发行的股票的市场。所谓新发行的股票包括初次发行和再发行的股票,前者是公司第一次向投资者出售的原始股,后者是在原始的股票基础上增加新的份额。

股份有限公司募集资金的方式一般分成公募(Public Offering)和私募(Private Placement)两类。公开募集需要核审,核审分为注册制和核准制。

注册制是指发行人在发行新证券之前,首先必须按照有关法规向证券主管机关申请注册,它要求发行人提供关于证券发行本身以及证券发行有关的一切信息,并要求所提供的信息具有真实性、可靠性。这种方式的关键在于是否所有投资者在投资之前都能掌握各证券发行者公布的所有信息,以及能否根据这些信息做出正确的投资决策。

核准制又称特许制，是指发行者在发行新证券之前，不仅要公开有关真实情况，而且必须合乎公司法中的若干实质条件，如发行者所经营事业的性质、管理人员的资格、资本结构是否健全、发行者是否具备偿债能力等，证券主管机关有权否决不符合条件的申请，有权直接干预发行行为。

除募集资金外，其他重要步骤包括：选定作为承销商的投资银行、准备招股说明书和确定发行价格；认购与销售方式，通常有包销、代销和备用包销三种。

二级市场（Secondary Market）也称股票交易市场，是投资者之间买卖已发行股票的场所。这一市场为股票创造流动性，即能够迅速脱手换取现值。二级市场通常可分为有组织的证券交易所和场外交易市场，但也出现了具有混合特型的三级市场（The Third Market）和四级市场（The Fourth Market）。三级市场是指原来在证交所上市的股票移到以场外进行交易而形成的市场，换言之，三级市场交易是既在证交所上市又在场外市场交易的股票，以区别于一般含义的柜台交易。四级市场指大机构（和富有的个人）绕开通常的经纪人，彼此之间利用电子通信网络（Electronic Communication Networks，ECN）直接进行的证券交易。

场外交易是相对于证券交易所交易而言的，凡是在证券交易所之外的股票交易活动都可称作场外交易。由于这种交易起先主要是在各证券商的柜台上进行的，因而也称为柜台交易（Over-The-Counter，OTC）；场外交易市场与证券交易所相比，没有固定的集中场所，而是分散于各地，规模有大有小，由自营商（Dealers）来组织交易；场外交易市场无法实行公开竞价，其价格是通过商议达成的；场外交易比证交所上市所受的管制少，灵活方便。

股票的交易费用通常包括印花税、佣金、过户费、其他费用等几个方面的内容。

股票收益即股票投资收益，是指企业或个人以购买股票的形式对外投资取得的股利、转让、出售股票取得款项高于股票账面实际成本的差额，股权投资在被投资单位增加的净资产中所拥有的数额等。股票收益包括股息收入、资本利得和公积金转增收益。

总的来说，债券和股票是两种性质不同的有价证券，虽然都可以作为筹资的手段和投资工具，但两者反映着不同的经济利益关系。债券表示的是一种债权，股票表示的是所有权。股票交易转让的周转率高，市场价格变动幅度大，可以暴涨暴跌，安全性低，风险大，但却又能获得很高的预期收入，债券交易转让的周转率和收益都比股票低。作为筹资手段，无论是国家、地方公共团体还是企业，都可以发行债券，而股票则只能是由股份制企业发行。另外，在公司交纳所得税时，公司债券的利息已作为费用从收益中减除，在所得税前列支。而公司股票的股息属于净收益的分配，不属于费用，在所得税后列支。这一点对公司的筹资决策影响较大，在决定要发行股票或发行债券时，常以此作为选择的决定性因素。

三、衍生工具

衍生工具（derivatives）是指在一定的原生工具或基础性工具之上派生出来的金融工具，是由原生资产（股票、债券、货币或者商品）构成或衍生而来的交易。衍生工具包括远期合约、期货合约、互换和期权，以及具有远期合约、期货合约、互换和期权中一种或一种以上特征的工具。

最早出现的衍生工具是商品远期合约。世界上主要的商品期货品种有粮食、咖啡和可可等农产品，煤炭、石油等能源产品，铜、铝等有色金属产品，以及建筑材料等。金融衍生工具（financial derivative）出现于20世纪70年代，是金融创新的产品，它的产生基于商品类衍生工具的发展，这些工具的价值来源于对应金融资产价值的期权、期货合约。所交易的金融资产包括股票、股票指数、固定利率债券、商品、货币等。期权交易所提供的交易产品如指数期货和利率期货都是典型的衍生产品。

（一）金融衍生工具的主要特征与功能

1. 特征

（1）跨期交易。衍生工具是为了规避或防范未来价格、利率、汇率等变化风险而创设的合约，合约标的物的实际交割、交收或清算都是约定在未来的时间进行。跨期可以是即期与远期的跨期，也可以是远期与远期的跨期。

（2）杠杆效应。衍生工具具有以小博大的能量，借助不到合约标的物市场价值5%~10%的保证金，或者支付一定比例的权益费而获得一定数量合约标的物在未来时间交易的权限。无论是保证金还是权益费,与合约标的物价值相比都是很小的数目,衍生工具交易相当于以 0.5~1 折买到商品或金融资产,具有 10~20 倍的交易放大效应。

(3) 高风险性。衍生工具价格变化具有显著的不确定性,由此给衍生工具的交易者带来的风险也是很高的,无论是买方或者卖方,都要承受未来价格、利率、汇率等波动造成的风险。

(4) 合约存续的短期性。衍生工具的合约都有期限,从签署到失效的这段时间为存续期。衍生工具的存续期一般不超过 1 年。

2. 功能

(1) 套期保值。这是衍生工具为交易者提供的最主要功能,也是衍生工具产生的原动力。最早出现的衍生工具——远期合约,就是为适应农产品的交易双方出于规避未来价格波动风险的需要而创设的。

(2) 价格发现。预测未来往往是件困难的事,但衍生工具具有预测价格功能。

(3) 投机套利。只要商品或资产存在价格波动就有投机与套利的空间。

(二) 期权

期权(option)是一种最典型的衍生工具,它是在期货的基础上产生的一种金融工具,是适应国际上金融机构和企业等控制风险、锁定成本的需要而出现的一种重要的避险衍生工具。这种金融衍生工具的最大魅力在于可以使期权的买方将风险锁定在一定的范围之内。与股票、期货等投资工具相比,期权的与众不同之处在于其非线性的损益结构。正是期权的非线性的损益结构,才使期权在风险管理、组合投资方面具有了明显的优势。通过不同期权与其他投资工具的组合,投资者可以构造出不同风险收益状况的投资组合。1997 年诺贝尔经济学奖授给了期权定价公式(布莱克—斯科尔斯公式)的发明人,这也说明国际经济学界对于期权研究的重视。从其本质上讲,期权实质上是在金融领域中将权利和义务分开进行定价,使得权利的受让人在规定时间内对于是否进行交易,行使其权利,而义务方必须履行。在期权的交易时,购买期权的合约方称作买方,而出售合约的一方则叫作卖方;买方即是权利的受让人,而卖方则是必须履行买方行使权利的义务人。

由于期权合约的标准化，期权合约可以方便地在交易所里转让给第三人，并且交易过程也变得非常简单，最后的履约也得到了交易所的担保，这样不但提高了交易效率，也降低了交易成本。

1983年1月，芝加哥商业交易所（CBOE）提出了S&P500股票指数期权，纽约期货交易所（NYBOT）也推出了纽约股票交易所股票指数期货期权交易。随着股票指数期货期权交易的成功，各证券交易所将期权交易迅速扩展至其他金融期货上。自期权出现至今，期权交易所已经遍布全世界，其中芝加哥期权交易所是世界上最大的期权交易所。

20世纪80年代至90年代，期权柜台交易市场（或称场外交易）也得到了长足的发展。柜台期权交易是指在交易所外进行的期权交易。期权柜台交易中的期权卖方一般是银行，而期权买方一般是银行的客户。银行根据客户的需要，设计出相关品种，因而柜台交易的品种在到期期限、执行价格、合约数量等方面具有较大的灵活性。

外汇期权出现的时间较晚，现在最主要的货币期权交易所是费城股票交易所（PHLX），它提供澳大利亚元、英镑、加拿大元、欧元、日元、瑞士法郎这几种货币的欧式期权和美式期权合约。目前外汇期权交易中大部分的交易是柜台交易，中国银行部分分行已经开办的"期权宝"业务采用的是期权柜台交易方式。

由于期权交易方式、方向、标的物等方面的不同，产生了众多的期权品种，对期权进行合理的分类，更有利于我们了解期权产品。

（1）按权利划分

按期权的权利划分，有看涨期权和看跌期权两种类型。看涨期权（CallOptions）是指期权的买方向期权的卖方支付一定数额的权利金后，即拥有在期权合约的有效期内，按事先约定的价格向期权卖方买入一定数量的期权合约规定的特定商品的权利，但不负有必须卖出的义务。而期权卖方有义务在期权规定的有效期内，应期权买方的要求，以期权合约事先规定的价格买入期权合约规定的特定商品。看跌期权（Put Options）是指期权买方按事先约定的价格向期权卖方支付一定数额的权利金后，即获得按事先约定的价格向期权卖方卖出一定数量的期权合约规定的特定商品的权利，但不负有必须买进的义务。而期权卖方有义务在期权规定的有效期内，应期权买方的要求，以期权合约事先规定的价格卖出期权合约规定的特定商品。

(2) 按交割时间划分

按期权的交割时间划分，有美式期权、欧式期权和百慕大期权三种类型。美式期权是指在期权合约规定的有效期内任何时候都可以行使权利。欧式期权是指在期权合约规定的到期日方可行使权利，期权的买方在合约到期日之前不能行使权利，过了期限，合约则自动作废。百慕大期权（Bermuda Option）是一种可以在到期日前所规定的一系列时间行权的期权。界定百慕大期权、美式期权和欧式期权的主要区别在于行权时间的不同，百慕大期权可以视同美式期权与欧式期权的混合体，如同百慕大群岛混合了美国文化和英国文化一样。

(3) 按合约上的标的划分

按期权合约上的标的划分，有股票期权、股指期权、利率期权、商品期权以及外汇期权等种类。

每一期权合约都有一标的资产，标的资产可以是众多金融产品中的任何一种，如普通股票、股价指数、期货合约、债券、外汇等。通常，把标的资产为股票的期权称为股票期权，如此类推。它们通常在证券交易所、期权交易所、期货交易所挂牌交易，当然，也有场外交易。

(三) 期权与期货的联系与区别

1. 期权与期货的联系

期权交易与期货交易之间既有区别又有联系。其联系是：第一，两者均是以买卖远期标准化合约为特征的交易；第二，在价格关系上，期货市场价格对期权交易合约的敲定价格及权利金确定均有影响。一般来说，期权交易敲定的价格是以期货合约所确定的远期买卖同类商品交割价为基础，而两者价格的差额又是权利金确定的重要依据；第三，期货交易是期权交易的基础，交易的内容一般均为是否买卖一定数量期货合约的权利。期货交易越发达，期权交易的开展就越具有基础，因此，期货市场发育成熟和规则完备为期权交易的产生和开展创造了条件。期权交易的产生和发展又为套期保值者和投机者进行期货交易提供了更多可选择的工具，从而扩大和丰富了期货市场的交易内容；第四，期货交易可以做多做空，交易者不一定进行实物交收。期权交易同样可以做多做空，买方不一定要实际行使这个权利，只要有利，也可以把这个权利转让出去。卖方也不一定非履行不可,而可在期权买入者尚未行使权利前通过买入相同期权的方法以解除他所承担的责任;第五,由于期权的标的物为期货合约,因此期权履约时买卖双方会得到相应的期货部位。

2. 期权和期货的区别

(1) 标的物不同

期货交易的标的物是期货合约所对应的现货;而期权交易的标的物则是一种买卖的权利。期权的买方在买入权利后,便取得了选择权。买方在约定的期限内既可以行权买入或卖出标的资产,也可以放弃行使权利;当买方选择行权时,卖方必须履约。

(2) 投资者权利与义务不同

期权是单向合约,期权的买方在支付权利金后即取得履行或不履行买卖期权合约的权利,而不必承担义务。期货合同则是双向合约,交易双方都要承担期货合约到期交割的义务。如果不愿实际交割,则必须在有效期内对冲。

(3) 履约保证不同

在期权交易中,买方最大的风险限于已经支付的权利金,故不需要支付履约保证金;而卖方面临较大风险,因而必须缴纳保证金作为履约担保。而在期货交易中,期货合约的买卖双方都要交纳一定比例的保证金。

(4) 盈亏的特点不同

期权交易是非线性盈亏状态,买方的收益随市场价格的波动而波动,其最大亏损只限于购买期权的权利金;卖方的亏损随着市场价格的波动而波动,最大收益(即买方的最大损失)是权利金。期货的交易是线性的盈亏状态,交易双方则都面临着无限的盈利和无止境的亏损。

在期权交易中,买卖双方的权利义务不同,使买卖双方面临着不同的风险状况。对于期权交易者来说,买方与卖方均面临着权利金不利变化的风险,这一点与期货相同,即在权利金的范围内,如果买得低而卖得高,平仓就能获利,相反则亏损。与期货不同的是,期权多头的风险底线已经确定和支付,其风险控制在权利金范围内。期权空头持仓的风险则存在与期货相同的不确定性。由于期权卖方收到的权利金能够为其提供相应的担保,从而在价格发生不利变动时,能够抵消期权卖方的部分损失。虽然期权买方的风险有限,但其亏损的比例却有可能是100%,有限的亏损加起来就变成了较大的亏损。

期权卖方可以收到权利金,一旦价格发生较大的不利变化或者波动率大幅升高,尽管期货的价格不可能跌至零,也不可能无限上涨,但从资金管理的角度来讲,对于许多交易者来说,此时的损失已相当于"无限"了。因此,在进行期权投资之前,投资者一定要全面客观地认识期权交易的风险。

(5) 作用与效果不同

期货的套期保值不是对期货而是对期货合约的标的金融工具的实物(现货)进行保值,由于期货和现货价格的运动方向会最终趋同,故套期保值能收到保护现货价格和边际利润的效果。期权也能套期保值,对买方来说,即使放弃履约,也只损失权利金,对其购买资金保了值;对卖方来说,要么按原价出售商品,要么得到权利金也同样保了值。

在操作上,世界上各个交易所操作期货的交易规则不完全相同,但原理是一样的,根据具体操作不同学习具体某个交易所的规则。

(6) 交易场所

期权交易没有特定场所,可以在期货交易所内交易,也可以在专门的期权交易所内进行交易,还可以在证券交易所交易与股权有关的期权交易。目前,世界上最大的期权交易所是芝加哥期权交易所(Chicago Board Options Exchange,CBOE);欧洲最大期权交易所是欧洲期货交易所(Eurex Exchange),其前身为德意志期货交易所(Deutsche Terminborse,DTB),以及瑞士期权与金融期货交易所(Swiss Options & Financial Futures Exchange,SOFFEX);亚洲方面,韩国的期权市场发展迅速,并且其交易规模巨大,目前是全球期权发展最好的国家之一,中国香港地区和中国台湾地区也都有期权交易。

(四) 其他期权形式

需要说明的是,除了上述常见的金融期权之外,还有其他期权形式,比如实物期权、打包期权、比特币期权等。

1. 实物期权

实物期权(Real Options)是指在不确定性条件下,与金融期权类似的实物资产投资的选择权。相对于金融期权,实物期权的标的物不再是股票、外汇等金融资产,而是投资项目等实物资产。与传统的投资决策分析方法相比,实物期权的思想不是集中于对单一的现金流预测,而是把分析集中在项目所具有的不确定性问题上。实物期权（real options）的概念最初是由斯图尔特·梅尔斯（Stewart Myers）1977年在麻省理工学院时所提出的。他指出一个投资方案产生的现金流量所创造的利润，来自于所拥有资产的使用，再加上一个对未来投资机会的选择。也就是说企业可以取得一个在未来以一定价格取得或出售一项实物资产或投资计划的权利，所以实物资产的投资可以应用类似评估一般期权的方式来进行评估。同时又因为其标的物为实物资产，故将此性质的期权称为实物期权。布莱克和斯科尔斯的研究指出：金融期权是处理金融市场上交易金融资产的一类金融衍生工具，而实物期权是处理一些具有不确定性投资结果的非金融资产的一种投资决策工具。因此，实物期权是相对金融期权来说的，它与金融期权相似但并非相同。与金融期权相比，实物期权具有以下四个特性。

（1）非交易性。实物期权与金融期权本质的区别在于非交易性。作为实物期权标的物的实物资产。一般不存在交易市场，而且实物期权本身也不大可能进行市场交易。

（2）非独占性。许多实物期权不具备所有权的独占性，即它可能被多个竞争者共同拥有，因而是可以共享的。对于共享实物期权来说，其价值不仅取决于影响期权价值的一般参数，而且还与竞争者可能的策略选择有关系。

（3）先占性。先占性是由非独占性所导致的，它是指抢先执行实物期权可获得的先发制人的效应，结果表现为取得战略主动权和实现实物期权的最大价值。

（4）复合性。在大多数场合，各种实物期权存在着一定的相关性，这种相关性不仅表现在同一项目内部各子项目之间的前后相关，而且表现在多个投资项目之间的相互关联。实物期权也是关于价值评估和战略性决策的重要思想方法，是战略决策和金融分析相结合的框架模型。

2. 打包期权

打包期权（packages）是由标准欧式看涨期权、标准欧式看跌期权、远期合约、现金及标的资产本身构成的组合。

3. 比特币期权

比特币期权（bitcoin option）即比特币指数期权，是指期权购买者通过支付一笔期权费给期权出售方，换取在未来某个时间以某种价格买进或卖出基于比特币指数的标的物的权利。

四、互联网证券

与证券相对应,证券行业指从事证券发行和交易服务的专门行业,是证券市场的基本组成要素之一,主要由证券交易所、证券公司、证券协会及金融机构组成,为双方证券交易提供服务,促使证券发行与流通高效地进行,并维持证券市场的运转秩序。证券行业不仅创造金融资产,更偏重金融服务。我国证券业从建立以来,发展十分迅速。2013年,深圳证券交易所交易规模达到3.9万亿美元,上海证券交易所交易规模达到3.7万亿美元。在全球范围内表现十分抢眼。同时,我国2013年股票交易规模达到46.9万亿元,同比2012年的31.5万亿元增长48.9%,基金交易规模为2.7万亿元,同比增长80%,债券交易67.8万亿元,同比增长76.1%。交易规模的提升,以及在世界范围内排名的提高,都表明中国资本市场的吸引力越来越大。

互联网证券是指传统证券行业的互联网化。基于证券业的发展形势,如果在互联网金融大潮下对互联网技术加以应用,那么互联网证券的发展潜力无疑将十分巨大。

在如今的证券行业,竞争早已到了白热化的地步,各个证券公司的业务也在逐步同质化。互联网,作为新形式的业务开发平台,成了广大证券抢占的焦点。在日常业务过程中,证券的本质是提供中介服务的金融中介。在提供中介服务的过程中,随着互联网普及,证券业务慢慢地脱离了以前的纸质化服务,踏上了互联网这条高速公路。如今,证券完全可以通过电子化方式给客户提供服务。这极大地减轻了证券工作人员的工作量,提高了办理业务的效率和准确性。例如,如今个人投资者股票开户,证券公司能提供非现场的网上开户。网络开户能让客户不受地域的限制更快捷地完成"开户不出门",为客户提供了极大的便利,另外,也让证券工作人员时间成本大大降低了。在互联网环境下,不但IT人员向总部集中,客服人员也开始向总部集中。目前多数证券公司都将传统的客户回访收回总部统一操作。这一方面,便于总部统筹管理,避免了信息传播过程中的丢失,证券公司全方位地掌握自身客户群体,方便制定营销与客服策略;另一方面,集中的数据收集处理工作,也为未来移动互联网环境下证券公司所提供更加个性化的客户服务打下了基础。

证券行业的互联网化是国内所有传统金融行业中开展得比较早的一个。无论是大证券公司还是小证券公司都在试图抢占互联网这一制高点。然而也正是因为开展得较早，才带来了一系列的问题。在我国证券行业互联网化发展初期，我国互联网产业并没有像现在这样丰富，可供证券行业利用的资源仅限于广告和营销。所以证券公司在互联网化过程中选择了对自己最有实质意义的网上交易作为互联网化的重点。而时至今日，无论互联网还是证券行业本身，其内涵都发生了巨大变化，这也给证券公司向网络渗透提供了良好的背景条件。目前，证券公司与互联网企业合作的形态，按照主导权归属问题，主要可以分成以下三种。

第一种类型以国金证券和腾讯的合作为代表。国金证券充分利用互联网平台和腾讯联姻，打造了轰动一时的"佣金宝"，提出的"万2佣金，网上2分钟开户"这一消息更是在中国股票投资者中炸开了锅。这一创新，让广大投资者尝试到了创新的成果。国金证券正是依靠"佣金宝"从一个名不见经传的中小证券一夜成名，成了现阶段创新型证券的代表。这一模式主导权相对掌握在大型互联网公司手中。其优势在于可以迅速获取互联网公司的资源，包括用户、技术、创新理念及动力，而且未来创新点的想象空间也比较广阔。其劣势在于如果互联网公司金融实力不足，那么创新及业务开展很容易偏离金融的核心。

第二种类型以大智慧和湘财证券为代表。二者主导权相对均等，各自在证券行业也都有比较均衡的实力。这种合作模式的优势在于可以排他，最大限度实现证券公司与互联网公司的资源融合及共享。但是这种合作的前提是，双方最高领导集体必须高度互信，否则不但无法发挥优势，反而会使公司陷入权力内斗。

第三种类型也是目前绝大部分的网上证券采用的合作类型，即强证券型的合作。作为具备一定实力的传统金融机构，几乎不会将行业主导权交给互联网公司，这样做可以保证证券公司在业务开展及战略定位上的纯粹性，但是因此带来的弊端就是合作很难深入，双方需要找到共同利益，才能保证长久合作。

目前金融行业所处的环境中，包括证券在内的金融业对线下网点的刚性需求经常被忽略掉。一些金融企业有机结合互联网和线下网点，逐步构建起了健康的 O2O（Online to Offline，线上线下）环境。线上开通网上商城的方式，在原有官网的基础上，开辟"金融商城""产品超市"等子栏目，亦有独立域名与官网形成联动的情况。互联网改变的是数据资产的获取与挖掘方式、信息流动与传达的效率并带来传统人工业务的替代和提高，而金融的本质和金融服务的提供并不会因互联网的出现而改变，在这一点上，线下网点有着不可替代的作用。

O2O 模式是证券行业基于行业本身特点，结合互联网金融环境，通过深刻思考金融的本质，进而总结出的证券互联网模式。这种模式生命力强，既能够发挥证券公司的优势，又能融合互联网的优势，很多公司都愿意采用这种模式，但现阶段只有资本实力雄厚的证券公司才能实现。另外，证券公司对于 O2O 模式的打造没有完全按照互联网的思路进行，O2O 模式是因互联网才出现的，在这一领域互联网公司表现出其优势，但对证券公司来说，O2O 的布局无法完全复制互联网公司的路径，因为证券公司的优势在于雄厚的资本实力、丰富的线下网点以及客户经理与客户之间良好的信任关系。

需要特别指出的是，证券公司自身资源的调整、发展方向的转发，以及作为金融产品输出渠道的天然优势，使证券行业对互联网的应用和理解逐渐加深，并在实践过程中，从单纯的功能输出、产品输出向综合金融服务的全方位嵌入发展。

比如，由于长期以来证券公司都遵循"开户—佣金"的简单运营模式，自身资本实力较弱的证券公司在互联网应用上首先想到的就是争取互联网用户，以牺牲佣金的方式换取客户规模的增长。首先是因为我国证券行业的互联网具有很好的互联网用户基础，网民证券用户职业和月收入的特征与年龄和教育水平有一定联系，我国网民证券用户最突出的两大群体，一个处于社会中坚力量，另一个处于事业上升期，这两大群体均是我国最具发展潜力和经济实力的人群，而证券作为基础的投资渠道无疑是他们资产与财富增值的首选，因此网民证券用户呈现出如上特征，这种优质的用户资源对互联网的接受能力极强，适应了证券行业的互联网化。其次，在证券互联网时代，粉丝经济、口碑营销等方式对用户的影响力也越来越大，这使得用户体验更好、开户转户更为方便，证券互联网化更加彻底、更加出色的证券公司将获得远高于其他竞争对手的发展机遇。但是目前证券行业的现状是所提供的服务方式单向而又生硬，尽管服务种类繁多，但却未必都切合用户的真实需求，做了很多无用功。未来在证券服务方面，网络化和交互性将是所有证券公司的主要课题。

五、互联网对证券行业的影响分析

从目前发展情况看，互联网对证券行业的有利影响有以下几点。

（1）由于交易主体和交易结构发生巨大变化，以及虚拟化和成本的缩减，互联网会使证券行业的价值增长速度达到前所未有的水平。同时互联网还会改变券商业务模式，催生网络经纪等新业态，这将带来新的竞争机会，使得未来竞争更加复杂化。

（2）互联网与证券行业的结合，对于市场的拓展起到了十分重要的作用。首先券商可以升级目前的运营模式，将服务的范围进一步扩大；其次由于互联网的优势，地域限制对证券产品销售的限制进一步缩小，券商有了更广泛的营销空间；最后网络有着庞大的高学历客户群体，这为证券行业奠定了更广泛的优质客户资源。

（3）对于券商自身经营而言，网络平台相对以前的实体网点从传播的速度和影响面来说都有较大的优势，特别是从营销成本的角度来看，互联网的全面融入，大大改善了营销投入与产出不成正比的现状，人海战术的营销模式已逐步退出了历史舞台，互联网证券的积极作用正在逐步显现，互联网券商凭借着低成本覆盖将成为未来的一种趋势。

互联网对证券行业的不利影响有以下几个方面。

（1）在互联网对证券行业的影响上，互联网或将提前终结券商通道盈利模式。首先是因为传统证券公司的业务种类较少，传统证券公司的业务结构主要包括证券经纪业务、证券承销业务、基金销售、资金管理业务、保荐业务、财务顾问业务以及投资咨询业务。中国目前实行金融、证券、保险分业经营的分业监管，意味着目前的证券公司不能涉足其他金融领域，例如商业银行业务和保险业务。因此传统证券公司从事的业务十分有限，只有一级市场的发行承销以及二级市场的经纪、自营、资产管理等业务。传统证券公司在之前之所以能发展及立足的原因是其销售渠道的垄断。未来，证券公司一旦失去线下销售渠道，势必会冲击整个券商行业。其次是因为传统证券公司业务收入集中。从各大券商2012年的业务结构来看，业务主要集中在证券经纪和证券承销两方面。其中，证券经纪业务均占了最大的比重，证券公司的业务收入过于集中，导致证券经纪业务一旦被市场抛弃，就会威胁到券商的存亡。

（2）证券行业开展互联网业务需要一定的技术支撑。证券行业对于互联网的了解和技术运用还不够全面，产品质量问题时有发生。就目前情况来看，券商在这方面的投入和研发还须加强。所以证券业要以互联网为媒介开展业务，技术运用、数据的安全和数据的处理都是较大的挑战。

（3）由于互联网证券在国内出现的时间较短，市场环境还不够完善。虽然国家出台了一定的鼓励政策，但是却没有制定一套完善的法律来规范这一领域；另外，对于新的模式缺乏相应的监管措施，这使得证券市场环境较为混乱和无序，增加了证券经营的风险。

（4）互联网证券的出现，将会导致券商的盈利情况不容乐观，直接结果是佣金费用大幅下降，但由于我国的监管较为严格，所以实质上互联网券商的大战还未全面打响，目前还未对行业造成严重的负面冲击。今后券商只有发展高边际收益率的创新业务，降低对传统业务的依赖，逐步提高市场竞争力，才能避免在新一轮的洗牌中被淘汰。

在行业创新的大背景下，互联网业务之风一时在证券行业如火如荼，许多券商和基金公司争先恐后地设立网上销售平台。诚然，证券销售渠道的电子化是互联网金融的重要表征，但网上证券销售作为一种表象，纵向看只是线下销售的线上平迁，横向看则只是传统电商的自然拓展。而互联网证券的本质则在于利用互联网的信息处理技术和社交互动性减少证券的交易成本、提高市场效率。这里所指的交易成本不仅包括有形的中介费用，更包括无形的搜寻与匹配成本。就这两点而言，目前证券行业单纯的销售电子化还远远没有触及互联网证券的实质。从发展的角度看，互联网证券未来应该涵盖以下几个方面。

一是证券销售的电商化，这不仅是销售渠道在形式上的扩展，更是充分发挥互联网平台的优势，致力于解决证券公司产品创新能力与社会投融资需求不匹配的问题。

二是互联网融资，包括近年来兴起的"人人贷"和"众筹"模式。这两者是对企业融资和证券发行方式的创新，但在当前我国的法律框架内都面临着制度缺失、法律地位有待明确的问题，存在着极大的法律和金融风险。然而，证券公司和监管机构在发展互联网融资方面是大有可为并且应该当仁不让的。证券公司完全有条件也应当借鉴互联网融资的一些思路，发挥已有的品牌、服务能力、监管环境等多方面的优势，充分利用互联网平台挖掘小微企业的融资需求并匹配个人的投资需求，与此同时繁荣柜台市场，提升证券公司在整个金融体系中的地位。

三是互联网证券交易，这不仅仅是指一般狭义理解的网上股票交易经纪，即券商以互联网作为工具向客户提供经纪服务，更多是指不需要借助经纪商或做市商等中介机构，通过网络直接撮合证券交易，相当于虚拟的证券交易所。这也是当前我国的国情和监管体制所不允许的。但是从技术进步的外在推动和市场发展的内在需求上看，基于互联网，追求更高效率、更低成本的场外证券交易方式的兴起是必然趋势。面对未来券商乃至互联网公司可能的竞争，居安思危、未雨绸缪是交易所明智的选择。从市场长远发展角度看，监管机构应该鼓励证券交易方式的技术创新及交易市场的良性竞争，推动市场积极地降低交易成本、提升交易效率，同时还要加强在新的交易方式下对违法违规行为的监管，防范新的技术手段引起市场的系统性风险。

美国是最早开展网络证券交易的国家，也是网络证券交易经纪业务最为发达的国家。美国网上证券业务是伴随着互联网的普及和信息时代的到来而迅速崛起的。网上证券交易，主要包括网上开户、网上交易、网上资金收付、网上销户四个环节。

亿创理财（ETRADE）、美林证券（Merrill Lynch）和嘉信理财（Charles Schwab）是美国券商当中非常有特点的三家，它们个性鲜明且都具有成功的经营模式。

六、互联网与金融衍生品

探讨完证券与互联网的关系，下面以期货为例再探讨一下互联网与金融衍生品的关系。

如前所述，期货公司是金融行业不可或缺的组成部分，目前期货品种日益增加，境内的包括传统商品期货、股指期货、国债期货；境外的环球期货涵盖了更多的品种。期货公司的业务在不断拓展，从期货经纪业务发展到投资咨询业务、资产管理业务、现货风险管理业务等。期货行业的蓬勃发展使得期货公司业务发展所需要的渠道越来越多,所涉及的客户越来越广泛,对互联网的要求也越来越高。期货业的进步离不开互联网的发展,比如,IT技术的进步提高了交易速度和便捷性,期货公司还通过微博、微信等,为投资者提供更高效的服务与交流平台。总之,期货公司不可避免地也要融入互联网金融中来。

期货公司开展互联网业务的方式有很多,关键是要充分利用互联网和公司本身的优势,走出一条创新的路子,使得资源利用最优化,公司利润最大化。期货公司可以打造一个金融平台,整合资源、创新服务。客户通过期货公司的金融平台,可以对接券商、银行、现货公司、基金公司、境外期货公司或交易所等金融机构,获取多样化的服务,同时也可以和其他在金融平台上、在线上的投资者和专家互动交流,获取自己想要的资讯和投资策略。

打造期货金融平台有以下四个要素:

(1)与金融机构合作。通过金融平台,与证券公司链接,对接股指期货客户;与银行链接,对接利率期货客户;与基金公司链接,对接理财客户;与合格的境外机构投资者(Qualified Foreign Institutional Investor,QFII)链接,吸引境外投资资金;与境外期货公司或交易所链接,可提供环球期货投资渠道。通过与不同金融机构的合作,金融期货平台可以满足客户的不同需求。以链接基金公司为例,余额宝的推出让各家银行承受了很大的压力,活期存款大量转出让银行头疼不已,而期货公司保证金利息收入也受到了一定冲击。为避免客户将保证金余额转至其他平台中去,期货公司可以与基金公司合作,让客户把余额留在相互合作的基金中,使得客户、期货公司、基金公司达到共赢。

(2)专家资讯平台的提供。利用互联网平台的开放、平等、协作、分享的属性,吸引行业内的专家撰写深度的行情评论、投资策略分析以及各类套利套保的方案。通过高效的网络评估系统,选出高成功率的专家。通过这种方式可以集聚大量的客户来到这个平台,而这些大量的客户又能产生大数据的良性循环。客户可免费观看、浏览基础类视频及文章,若需观看及浏览更为专业的内容,需支付一定的费用。根据专家的人气及资深程度,费用收取有一定的差别。专家也可以利用这个平台提高自己的人气,并获得一定的收入,这使得客户、专家、期货公司达到共赢。

(3)加强互联网营销。互联网营销是近年来兴起的营销模式,在成本节约、效率提升上都有比较优势，运用互联网的多种渠道，如微博、微信、论坛等开发客户，并与传统的营销渠道相结合，线上线下相辅相成。另外，通过网络销售产品、网络服务客户，特别是网上开户、鉴证，客户足不出户即可进行咨询等投资活动。

（4）加强大数据的利用。利用互联网平台，收集客户数据，形成庞大的数据库。利用基础数据分析客户个体需求，并提供相应的产品服务来匹配客户的需求。由于公司拥有不同的金融服务和产品，可以交叉销售，互相引导介绍客户，提供多项投资选择及标准的金融服务。客户信用数据化、数据资产化，并依赖互联网的云计算技术，保证客户信息的安全和投资的效率。

互联网期货公司有如下优势。

（1）短期不以盈利为目标

互联网企业介入金融行业，其战略是为平台上的用户建立一个"金融生态圈"，为其提供银行、证券、基金、期货等各种金融服务，可以不要求短期实现盈利，它们将会以价格战甚至免费来迅速获取客户资源，占领市场份额，而传统期货公司没有其他渠道消化成本，所以根本无法竞争。

（2）巨量的潜在客户资源

即使不发起价格战，互联网期货公司仅以其母公司平台拥有的巨量的客户资源即可带来难以估量的新增客户。腾讯微信、阿里巴巴支付宝等动辄拥有超过6亿用户，阿里巴巴平台拥有4800万企业用户。以期货产品、资管产品、子公司业务等方式对他们进行推介营销，即使万分之一的转化率也会为期货公司带来可观的客户和资金。另外，互联网企业在进入基金行业、证券行业之后，可以在统一平台上实现大数据定位分析、交叉销售、互相引导介绍客户，进行统一金融服务，也可以带来传统期货公司不可企及的客户资源。

（3）可共享的极低IT成本

互联网企业本身拥有极强的技术实力，在机房、网络、云平台等方面拥有普通期货公司难以想象的资源，其下设期货公司完全可以共享这些资源，可能不需要很多成本即可实现高效运营。

（4）极致的用户体验

互联网企业一个非常明显的特征是追求极致的用户体验，因拥有极强的自主开发能力，它们可以轻易开发出拥有极致用户体验的交易客户端软件、行情软件、网站系统，以及针对客户的各类服务软件，轻易地黏住客户。而期货行业期货公司技术系统仅靠采购，根本没有自主开发能力，即使有创新思路也没有能力实现，现阶段期货公司最大的矛盾在于快速增长的业务需求和系统供应商服务响应能力严重脱节，传统的期货公司无法解决这个矛盾，而这却正是互联网企业的强项。

互联网期货公司有如下劣势。

（1）期货专业管理人才不足

期货行业经过券商进入掀起人才流动之后，小型期货公司往往难以留住优秀的专业人才，现有的人才在互联网企业介入后业务爆发性发展的情况下能否胜任尚需考验。投资咨询、资管、子公司等因无牌照导致人才空白而无法开展业务。期权、做市商等业务2014年即将推出，小型期货公司根本没有人才储备，若想开展此类业务需要较长时间的准备。

（2）创新业务牌照不足

小型期货公司往往仅有经纪业务牌照，而没有投资咨询、资产管理、风险子公司业务等资格，因此互联网企业收购之后无法以咨询、资管、风险子公司的业务来弥补营业网点不足带来的服务能力缺陷。

（3）国际业务能力不足

小型期货公司没有能力和渠道开展国际业务，而中国的期货公司走向国际化是必由之路，有很多公司早已布局，期货本来就是与全球信息息息相关的行业，国外的金融企业在"走进来"，国内的期货公司在"走出去"，随着自贸区的建设和资本项目人民币可兑换，期货公司的国际化将会带来很大的业务增量，这一点是目前国内互联网企业的短板，需尽快完善。

总之，虽然互联网与证券相结合，为证券的发展插上了腾飞的翅膀，但互联网自身的问题在于与证券相结合后将会衍生出一系列不容忽视的消极问题，突出表现在缺乏监管，潜在风险涌动等。特别是互联网证券业务模式，在传统的虚拟基础上，变得更加虚拟化，甚至达到客户与客户经理素未谋面的地步。面对越来越虚拟化的业务模式，风险不确定性和市场参与者有着极大的关系；此外，互联网证券作为新兴业务模式，其业务发展时间较短，这需要从业人员能快速掌握各项创新业务，以便能迅速将各种创新业务推广到市场。在期货业务上，传统期货公司无法回避互联网，所以应该以积极的态度把握机遇，以互联网思维去重构新的商业模式。思路决定出路，布局决定结局，只要站在时代的高度未雨绸缪，前瞻性、战略性地做好各项准备，就能发挥优势，扬长避短，通过专业化的转型升级在未来的竞争中立于不败之地。互联网证券，是时代发展的大势所趋，也是金融业的重要变革。抓住机会，取得先机，方能让企业走在时代的前端。

第三节 网上保险

保险是指投保人根据合同约定，向保险人支付保险费，保险人对于合同约定可能发生的事故因其发生所造成的财产损失承担赔偿保险金责任，或者被保险人死亡、伤残、疾病或者达到合同约定的年龄、期限等条件时承担给付保险金责任的商业保险行为。从经济角度看，保险是分摊意外事故损失的一种财务安排；从法律角度看，保险是一种合同行为，是一方同意补偿另一方损失的一种合同安排；从社会角度看，保险是社会经济保障制度的重要组成部分，是社会生产和社会生活"精巧的稳定器"；从风险管理角度看，保险是风险管理的一种方法。

互联网保险，通常指实现保险信息咨询、保险计划书设计、投保、交费、核保、承保、保单信息查询、保全变更、续期交费、理赔和给付等保险全过程网络化的一种保险形式。

国外发达国家互联网保险有 B2C、C2B 两种模式。其中，B2C 模式可分为保险公司网站、第三方保险超市网站及互联网金融超市三种形式；B2B 模式可分为互联网风险市场和互联网风险拍卖两种形式。总体上看，国外的互联网保险已经发展了相当长的时间，在网上售卖的险种几乎涵盖了所有的线下险种，包括医疗、人寿、汽车、财产等各大主流险种。相比于国外网络公司只是与保险公司进行合作提供一个信息发布平台，国内的部分网络公司不仅提供保险发布平台，还是保险公司的股东，参与保险险种的设计与发行。作为一种以互联网技术的发展为基础的新型商业模式，互联网保险改变了保险业提供产品和服务的传统方式，将有利于打破传统保险企业的市场垄断地位，让人们可以更加方便、全面地获知、购买和享有保险服务所带来的权利和保障。

第五章　信息流与金融业的第一类结合

第四节　网上基金

基金是指为了某种目的而设立的具有一定数量的资金。主要包括信托投资基金、公积金、保险基金、退休基金等各种基金会的基金。人们平常所说的基金主要是指证券投资基金。根据不同标准，可以将证券投资基金划分为不同的种类。

（1）根据基金单位是否可增加或赎回，可分为开放式基金和封闭式基金。开放式基金不上市交易（一般看情况），通过银行、券商、基金公司申购和赎回，基金规模不固定；封闭式基金有固定的存续期，一般在证券交易场所上市交易，投资者通过二级市场买卖基金单位。

（2）根据组织形态的不同，可分为公司型基金和契约型基金。基金以通过发行基金股份成立投资基金公司的形式设立，通常称为公司型基金；由基金管理人、基金托管人和投资人三方通过基金契约设立，通常称为契约型基金。我国的证券投资基金均为契约型基金。

（3）根据投资风险与收益的不同，可分为成长型、收入型和平衡型基金。

（4）根据投资对象的不同，可分为股票基金、债券基金、货币市场基金、期货基金等。

互联网基金具有如下特点：

（1）从欧美等发达国家的基金销售历史来看，基金销售渠道的多元化是必然趋势。我国在过去相当长的一段时期，银行主导着基金的销售，任何第三方很难撼动其地位；但余额宝的出现将大批的非银行客户直接转化为基金客户。互联网时代的到来必定意味着千千万万的线上潜在客户价值被挖掘出来，打破基金通过银行、券商进行销售的传统模式，基金行业的发展面临前所未有的机遇和挑战。对于习惯了在银行、券商等传统渠道进行营销宣传、吸引客户的基金公司来说，进入电商时代之后，如何结合互联网的特点进行差异化的营销宣传成了新的问题。对于首秀的基金公司来说，除了基金公司自身的品牌影响力外，营销宣传是否符合互联网金融的特点，差异化营销特色是否凸显、是否具有创意等这些因素直接影响着基金公司在线上平台的流量和销量。

（2）基金行业的系统性风险也在随着互联网化程度的提高而升高。现在监管部门已经明确提出"互联网基金销售业务也应遵守相关规定"，这表明基金在互联网金融大发展的浪潮中既要敢于创新，也要规范自身业务，树立风险意识。诸如第三方支付基金（保险）销售支付结算业务等互联网金融创新，不仅其事实风险存在，而且因其资金流量巨大，一旦风险暴露，就极可能会导致系统性风险。具体而言，对于当下第三方支付中基金销售支付结算业务的创新，其风险主要存在于以下几个环节：其一，第三方支付机构本身的信用风险和网络安全风险；其二，与基金公司（或保险公司）合作推出理财产品的关联风险；其三，针对部分第三方支付机构并购基金公司的行为，会造成互联网企业与金融企业之间风险隔离的相对缺失，更易形成潜在于系统性风险的堆砌。

（3）基金的收益率等信息越来越公开透明。互联网时代的一个重要特征就是信息的空前开放和透明，能够直接以点对点的方式将最新的资讯传递给客户。互联网充分的开放和互通效应使得各类信息的流通速度空前加快，基金持有人之前因为信息不对称而造成的选择限制将大大降低，尤其是各大基金公司纷纷以多种形式宣传自己产品收益率的时候，基金持有人的转换成本更低，纷纷选择用脚投票的模式将会使得基金面临的收益率压力必然增大。

（4）基金行业的竞争越来越市场化。基金公司发展到今天，从处处管制到处处放开，面临着混业经营的挑战，这意味着未来基金公司不仅仅在二级市场进行证券投资，还可以在专户上进行其他领域的投资，和信托一样，基金公司将进入混业经营的时代。基金公司牌照已经不稀缺，门槛降低也使得生存更加艰难。目前能够获得生存的法宝就是特色经营，走自己的路。目前基金业很大的一个挑战就是产品同质化日益突出，主要表现在产品、销售渠道、策略同质化。我们可以看到投资业绩长期优秀的基金凤毛麟角，投资排行榜上永远是黑马频出，这样的情况下很难形成真正的品牌效应。从近两年的基金公司发展轨迹来看，个别基金公司的确以自己独特的优势在市场上赢得一席之地。优秀是综合评价为优秀的基金公司，这家基金公司的产品创新、投资业绩、规模、营销等参考因素都是不可缺少的，而其中一项或者两项尤为突出，那么这家公司就会走出一条属于自己的发展道路。监管的放松将使得基金公司之间的竞争更加市场化，在市场的引导下，竞争也会变得越来越良性。只有真正适应这种变化，真正有能力的基金公司才能显现出来，行业的未来也才会越来越美好。提高主动管理能力，给投资者带来持续的良好投资回报,将成为证券资产管理公司能否在竞争激烈的公募基金市场生存发展的关键。过去两年中,国泰君安证券资产管理公司在股票市场环境不利的情况下,抓住了量化对冲和债券牛市的市场机会,以固定收益为主的业务结构保证了公司的快速发展。公司加强买方投资能力,形成固定收益、权益投资和量化投资齐头并进的发展态势,始终坚持长期投资和价值投资的理念,建立科学的决策流程和管理制度,认真学习国外同行的投资经验,重视分析研究工作,建立独立、专业的研究投资体系,加强投研队伍的建设,用优秀的业绩来回馈投资者的信任,树立起公司的品牌,从而赢得投资者的长期信任。

(5)进一步丰富和创新产品体系,建设更完善的投资平台是互联网基金发展的必然趋势。随着互联网时代的到来,利用互联网的传播性和客户资源的丰富性,基金一直在努力做一些革命性的东西以拥抱互联网、拓宽营销渠道、扩大客户基础。自互联网开始"搅局"金融业后,基金业不仅成了互联网金融的重要参与者,而且是互联网金融的重要创新者之一。从最初建立自己的网上直销系统,到货币现金管理账户的推出,乃至于货币基金作为支付方式进行网络消费等功能的实现,在此过程中,平台的建设显得非常重要。因为很多投资者都希望能得到一站式服务,但是投资者又不会单独上一个基金公司的网站,只买这个基金公司的产品,而是希望一个大的平台,满足投资者随时变动的需求。在平台做大的同时,也要考虑到产品问题,在大的平台上,产品非常重要,因为未来随着利率市场化的进程,单依靠一个货币基金的产品将会面临很大挑战。在这种情况下,基金公司要考虑的是如何推出更好的产品,满足客户的需求,为几百万大规模的客户服务;加大风险管理力度,提升风险控制能力。基金行业建立在信托文化基础上,信用积累尤其重要。如果不能在规范运作、诚信经营方面下功夫,投资人权益保护就是一句空话,公司和行业的信用将会受到严重损害。因此在互联网基金创新发展的过程中,基金机构和相关人员应把维护投资人权益放在首位。

第五节 网上信托

传统意义上的信托指的是委托人基于对受托人的信任,将手中的财产交由受托人，受托人依照委托人的意愿对其进行管理的行为。信托不仅是一种法律行为和财产管理制度，更是一种金融制度。在现实生活中，信托一般涉及三方：委托人、受托人和受益人。其中，委托人涵盖了大部分的信托投资人；受托人主要指各信托投资公司；受益人则是指享有委托人通过契约和遗嘱的方式确定的信托财产的收益的人，既可以是委托人自身，也可以是其他人。

信托发源悠久，最初起源于英国，在我国改革开放初期萌生，以解决银行信用不足、社会资金闲置过多、外资引进困难和投资渠道单一等一系列问题。信托发展至今，对助力我国经济发展起到了关键作用，截至2015年第二季度末，全国信托公司管理总资产达到15.86亿元，仅次于银行业，信托同银行、保险、证券一道被称为我国的"金融四大支柱"。

信托业作为我国现代金融体系的重要组成部分，在银行、保险、证券等纷纷"触网"的潮流下，也在积极寻求同互联网相结合。互联网信托在2015年上半年以前的发展虽然迅猛，但是由于缺乏相关的法律法规，所以它的整个发展轨迹一直都是"擦边球"式的摸爬滚打，直到十部委发布《关于促进互联网金融健康发展的指导意见》（以下简称《指导意见》），互联网信托才算真正地从幕后走向了台前，为大众所认可和接受。

结合《指导意见》，互联网信托是指由委托人依照契约和网站条款的规定，为了自己的利益，将自己财产的权利通过受托人（即互联网平台）进行财富管理和资产投资，受益人按规定条件和范围接受受托人转给委托人的原有财产以及此过程中所产生的收益的理财产品。

目前，互联网信托主要有如下几种模式。

（1）信托公司+互联网

由信托公司主导，开辟网上平台渠道。信托公司将其手中已有的融资端客户和项目放到网上平台进行直接融资，或者允许持有该公司信托产品的投资者将信托的受益权抵押给平台或第三方机构，以此来进行融资，从而实现信托产品的流转。这种模式的好处在于整个交易都处在信托公司的监控下，风险易于把控，专业性较强。创新之处在于这种模式并非单纯的线下线上销售的转换，其交易的并非只有信托产品本身，还包括了信托产品的衍生品。

另外，信托公司可以通过建设线上开放式平台，借助网络渠道来进行信托产品的销售，做到线上和线下的同步发行和实时对接。目前包括平安信托、四川信托、陆家嘴信托等信托公司都尝试构建网上金融超市。较有成绩的是四川信托旗下锦绣财富和平安银行于 2015 年 11 月推出的平安财富宝。

（2）互联网公司+信托

信托公司目前更多是依靠互联网公司来开展互联网信托业务。在这种模式下，互联网公司起主导作用，信托公司起到渠道的作用；信托公司只是产品的参与者，不仅客户、交易过程等要由互联网平台公司来提供，而且资产、风险控制等都可能由互联网公司来负责筛选、推荐，信托公司仅仅就是一个通道（实际上通道业务在传统信托业务中也是举足轻重的）。

（3）互联网公司+第三方机构+信托产品

由于互联网信托的主要投资人群与信托合格投资人的法定要求相距甚远，所以目前第三方机构通过互联网渠道提供信托产品的方式一般是转让其持有的信托受益权份额，或允许其他信托持有人转让其持有份额，并非直接销售信托产品。

但该类平台由于不具备信托公司背景，又没有经过复杂的产品合规性设计，导致业务具有较大的瑕疵，从而引发一定的争议。

总的来说，我国互联网信托目前尚处于探索阶段，随着未来互联网与金融的深度融合，互联网信托将具有广阔的发展前景。

第六节　金融互联网化的创新

一、金融互联网化的创新形式

总的来说，金融互联网化不仅将传统金融业务迁移到网上进行，而且通过对不同渠道、产品和服务之间的组合匹配，产生了许多新的包括产品、服务形态在内的多种创新形式。

金融互联网化的创新体现为以下几个方面：

（1）来自金融产品的创新，即依托互联网广泛进行市场机会识别，形成产品创意，凭借互联网进行产品发布、客户体验、市场反馈。产品涵盖内容创新。金融产品创新真正实现以客户为中心进行产品设计，综合客户的多个金融账户、资产、货币、投资信息，通过网上平台，分析客户的消费习惯、投资偏好，满足客户多元化的金融需求，为客户提供高附加值的优质金融服务。以美国第五大银行富国银行（Well Fargo）为例，该行通过互联网向客户提供资产业务、外币兑换、股票经纪、信托业务、电子采购、信贷与借贷业务等，业务领域不仅包括银行业务领域中的资产、负债业务，还涉及证券、信托业务，真正成为客户的网上金融超市。

（2）来自于制度创新，包括内部管理制度创新和外部监管制度创新。其一，基于互联网金融的管理制度和操作流程具有决策层次少、决策集中性高和决策快捷的特点。其二，从外部监管制度上看，互联网金融监管制度在保证互联网金融安全运行的前提下，减少了监管费用，突破了传统的分业监管制度，向功能化全方位监管制度发展，形成自我完善、张弛有度的监管机制。

（3）来自于组织创新，金融互联网化改变传统金融业依靠实体分支机构服务客户的经营管理模式，对内管理扁平化，对外服务虚拟化，机构人员大幅精简。另外，金融互联网化模糊了地域、行业界限，国内金融机构在现有组织形态下打破了分业界限，外资金融机构在没有增加实体网点的情况下参与了中国市场金融业务。

（4）来自于服务创新，金融互联网化创新是全方位的综合金融服务创新，不受时间和地域限制，金融机构不依靠营业网点仍能满足客户需求；传统金融业与客户的联系方式发生改变，金融互联网化为客户提供全天候、全功能的服务模式；金融企业的分销模式正在被重新构建，通过在线提供各种标准化的金融服务，客户可以在线比较和选择金融服务，大大提高了客户对金融产品的选择范围。

二、金融互联网化的创新效应

金融互联网化所带来的创新效应是十分明显的，主要包括以下3个方面。

1. 金融互联网化的创新为金融业创造综合效益

其一，金融互联网化的创新是金融机构开发新业务能力的体现，通过再造金融业务流程，引起金融机构产品、服务、制度、文化多方面的重组和进步。

其二，金融互联网化的创新降低了金融机构的相关成本，实现了业务运营效率的最大化。就节约人力成本而言，按照每个网点柜员每天200笔金融性交易折算，仅2009年上半年中国农业银行通过网上渠道进行的金融性交易量就相当于替代了4.5万名柜员的工作量。在经营成本方面，互联网金融的投入相对固定，业务量的扩大并不会引起交易总成本的明显提高。据统计，传统金融机构的经营成本占经营收入的60%，而通过电子渠道进行的网上金融经营，成本仅占经营收入的15%~20%。

其三，金融互联网化的创新有利于创造、维护金融产品与客户之间的和谐关系，在吸引客户、维护客户、锁定客户方面发挥了巨大作用。金融互联网化是建立以客户自助操作为中心的整合型销售服务平台，它使金融产品不再零散地展现给客户，为其提供一揽子服务方案。以网上银行为例，美洲银行研究表明，只拥有活期存款账户的客户，50%会在1~2年内离开，而同时拥有定期、活期、网上银行账户的客户，最终选择离开的比率只有1%~2%。

其四，金融互联网化的创新为客户提供了新的金融资讯平台，金融业的社会服务责任得到直接体现。2008年，中国农业银行门户网站建立"'三农'（农村、农业、农民）服务"栏目，为"三农"客户提供丰富的农产品需求信息、金融产品知识、金融市场信息、国家支农政策信息以及服务"三农"信息，提升了金融机构服务的社会层次。

2. 金融互联网化的创新引发金融业混业经营趋势

金融互联网化的创新涉及金融行业各个领域，包括银行、证券、保险、期货等。金融机构职能的重新定位，竞争格局的重新排序，引领金融业混业经营的趋势，对金融产业产生重塑性的影响。互联网金融服务模式的高度综合性为金融业混业经营提供了成本优势的平台、客户资源的平台、差异型竞争优势的平台、目标聚集优势的平台，成为我国金融业跳跃式发展的契机。一方面，金融领域的各个行业都可以在网上进行服务，在大力进行自身金融服务创新的同时，借助银基、银保、银证合作模式，实质上也是开展混业经营的竞争；另一方面，互联网金融的无国界特征使得外资金融机构更多介入中国金融市场，国内金融业在竞争战略、产品创新模式、业务发展重点上面对更多压力，综合化经营成为突破口。

3. 金融互联网化的创新增强网络经济的规模经济优势

网络经济运行本身符合卡夫卡定律（Kafka's Law），金融互联网化的创新将这一规律放大。近十年来，我国互联网金融一直是不断创新、丰富的过程，金融与网络经济有机结合，提升了自身的创新活力。同时，网络经济的发展对金融服务提出了整合和协同要求，为适应这种国际金融大发展的趋势和提高自身竞争力，金融借助网络成为"超级金融超市"，不断推出适合客户需要的金融产品。在竞争中处于领先优势的金融机构，借助实体金融经济的优势吸引更多的网络客户，品牌和资源优势更为突出。

三、我国金融互联网化存在的问题

金融互联网化的创新优势明显，但我国金融互联网化的发展仍面临不少问题，主要有以下几个方面。

1. 互联网金融产品创新有待完善

一是互联网金融创新产品不够丰富。目前国内各金融机构互联网金融产品比较雷同，机构之间吸纳性创新多，原创性创新少，"创新"特征不明显，亟待开发出更多有特色的、适合于网络运作特点的新金融产品。二是金融业内部偏重金融产品外延式的数量扩张，而对内涵式质量提升重视不够，对已发布的互联网金融产品的人性化改造跟进不足或跟进不及时。三是互联网金融创新对目标客户需求的针对性不强。根据国外银行开发网上金融产品的经验，使用网上金融产品的客户具有较强的群体性特征，大多为知识层次较高、关注服务质量的用户，而中国的网上银行客户更具有代表性，但我国金融机构在进行产品设计时未进行有效分层，导致开发出的产品在贴合客户需求方面存在欠缺。四是互联网金融创新产品盈利性不强。创新产品在发布过程中更多重视数量而非创利能力，随着互联网金融服务向纵深发展，对产品的创利能力提出更高要求，国内互联网金融产品仍有较大提升空间。

2. 互联网金融创新基础有待夯实

一是金融信息技术基础平台建设有待完善。目前金融机构信息系统基础平台仍显薄弱，创新产品的信息查询、业务监督、风险分析、成本核算、预警监测保障力度不够。二是金融机构的互联网金融创新机制尚未理顺。互网金融是兼容性较强的业务，需要打破业务分割界限进行全方位创新。当前我国分业经营的格局以及金融机构内部的部门经营现状，导致无法通过一个平台满足客户全方位的金融需求。此外，部分产品在网上发布时存在资源共享度不高、统计口径不统一、客户分类不统一等问题，这不但提高了互联网金融的发展成本，还容易导致规模不经济。

3. 宏观金融环境有待优化

从客户认知角度来看，一是由于互联网金融涉及客户的账户资料、密码、金融资产等核心数据，客户对网络能否保障自身资金与金融资产安全信心不足；二是使用互联网进行金融交易对客户基本素质有一定要求，在一定程度上限制了客户群体规模。从政策法规上看，互联网金融创新缺乏必要的法律规范和约束，互联网金融立法尚处于起步阶段，网上金融交易缺乏足够的安全保障。

4. 互联网金融创新安全有待加强

一是来自外界的攻击有爆发的趋势。网络的共享性、开放性使得网络黑客和犯罪分子非常活跃，目前全球的黑客攻击事件有40%是针对金融系统的。二是金融业及相关产业对网络安全的研究仍在探索过程中。互联网金融创新需要考虑产品的稳定性、适用性、安全性等多方面因素，网上交易软件的开发应用需要权威部门的监测和认证，网络通信系统的技术规范和实施标准需要统一规划。

四、我国金融互联网化的发展路径

针对这些问题，有如下创新发展路径可供参考。

1. 创造良好的金融生态环境培育创新

第一，加大对互联网金融的宣传力度，提高社会认知度，形成合力。继续加大对互联网金融产品、互联网金融业务、互联网金融网站和互联网金融机构的宣传力度，吸引客户从传统金融服务走向互联网金融服务；借助各种公共媒体，宣传和普及互联网金融的功能、特点、效率、安全性、国外动态以及国家相关政策、法律法规等，做好互联网金融的市场培育工作。第二，建立健全互联网金融制度框架。结合互联网金融的高速发展和高度创新特征，处理好促进互联网金融创新发展与有效规避风险之间的矛盾。保证互联网金融制度框架与其发展速度之间存在相关弹性，允许有关立法制度适度超前。第三，实施科学有效的监管措施。对互联网金融创新监管的实施避免在金融行业内部各行业之间相互割裂，要提升到设计金融宏观制度蓝图的高度，理清金融活动的网络化流程。加强对市场准入的控制，对金融机构开办网上业务实行严格审批。统一互联网金融运作的技术标准，加大金融认证工作的推广力度，做好技术标准的修订和升级工作。

2. 树立"以客户为中心"的理念指导创新

一是互联网金融创新要提供客户真正需要的产品，深入进行市场研究，加强对市场需求、同业金融产品以及自身金融产品的研发力度。二是要进行定位合理的互联网金融创新满足客户迫切需要。如中国农业银行在电子渠道上针对惠农卡客户开发出支持惠农卡的小额农户贷款功能，提供惠农卡查询、贷款、汇兑、理财等服务和小额农户贷款查询、自助放款、自助还款等功能，就是在农业银行"服务'三农'"定位基础上的原创性创新，解决了广大农户对互联网金融的需求。三是互联网金融产品要考虑客户使用的易用性、便捷性，做好对现有互联网金融产品的系统维护和组合打包，定期根据客户反馈进行升级更新。四是建立强大的售后支持团队。加强对从业人员和客户服务人员进行互联网金融产品的知识培训，切实提高服务支持力度。

3. 夯实信息技术和产品研发基础强化创新

强化科技先导意识，把金融创新与科技建设有机结合起来。将分散在各机构、各部门的数据资源予以整合，实现整个金融系统业务数据和管理信息在物理和逻辑上的摆放和集中，建立起共享性的综合数据库，为互联网金融创新提供先期基础保障。理顺产品研发机制，明确互联网金融创新产品部门的职责分工，建立完善的金融创新组织机构。整合产品创新流程，金融机构各业务部门之间、业务部门与技术部门之间、技术部门之间、技术部门内部要创建有效沟通的协作机制。

4. 构建全方位的安全体系保障创新

一是增强网络安全防范意识，全面看待当前互联网金融运作中存在的各种安全问题及诱因，增强安全防范意识和责任，自觉把安全问题作为互联网金融创新考虑的首要问题。二是选择先进的网络技术，不断提高金融网络的技术性能，构建完整的安全机制。三是大力提高对网络安全的监测和控制能力，及时掌握电子领域风险所在之处和新的动态，采取安全防范措施。四是强化系统的风险评估、安全策略实施、运行控制、事后监督等功能，构筑全方位、立体式的防御体系。

5. 创立有效的交流机制促进创新

金融机构内部各部门之间要加强联动，保持创意沟通和项目跟踪。各金融机构之间要加强交流与合作，定期通报互联网金融创新动态，探讨互联网金融创新的统一标准，实现硬件、软件、通信协议的兼容性，保证互联网金融的长期可持续发展。第三方信息技术企业在为金融机构开发新的软件时必须考虑到对现有各种资源的影响，保证现有资源的利用和现行网络的正常运转。

第六章

信息流与资金流的第二类结合

信息流与金融业的第二类结合是互联网金融化。

鉴于金融业天然的网络属性，互联网技术在金融领域的应用日益深入，大数据、云计算、社交网络等新兴互联网技术正在悄然改变着传统的金融业务。金融与互联网的联姻引发了诸多商业模式变革和服务模式创新，直接推动了金融市场环境、客户需求和服务模式的深刻变化，催生了互联网时代的金融新业态，即互联网金融化。

互联网金融化是现代信息技术、网络技术和各种金融业务的有机结合，是在互联网和移动互联网虚拟空间进行金融活动的一种新型金融形式。在传统市场中，融通资金是金融服务的最基本功能，普遍存在的信息不对称和所引发的道德风险、逆向选择是传统金融服务机构存在的必要前提，但传统金融服务的局限性同时又引发了新的信息不对称，从而引发新的道德风险和逆向选择。互联网金融化中搜索引擎、社交网络、大数据和云计算等的发展和广泛应用，使得大大降低市场信息的不对称成为可能，从而借贷双方的交易以及股票、债券、基金等的流通都可能绕过银行、券商等中介而直接进行，市场可能接近无金融中介存在的、充分有效的一般均衡状态。

在这一类的结合中，信息技术的发展促进了金融业功能的创新，采用了新的生产要素。从产融结合的核心要素上看，金融资本的形成依然基于信用，基于信用各种资本以金融资本的形式统一在一起，金融资本依然是产融结合的表现形式。但信用的取得、金融风险的评估或者说业务可信度的评估开始依融于在数字虚拟空间中的数据基础上提炼的信息。虚拟经济空间中的金融资本与数字虚拟空间中的信息开始结合使得这一阶段的产融结合与传统的产融结合相比较，具有明显的差异特征。因此随着互联网金融化的发展，产融结合开始进入第二阶段。

本章将对互联网金融化目前发展的主要形态进行介绍。

第一节　第三方支付

顾名思义，支付方式是合同交易之后发生在交易双方之间的合同价款转移方式。一般而言，这种支付发生在交易双方之间。在传统金融业态下，只有少数的情形下某些合同的价款由第三方金融机构进行支付清算。银行信用卡、借记卡支付就是采用集中支付结算方式的一个例子，我们一般将它称为"线下支付"。

在社会经济活动中，结算归属于贸易范畴。贸易的核心是交换。交换是交付标的与支付货币两大对立流程的统一。按支付程序分类，结算方式可分为一步支付方式和分步支付方式，前者包括现金结算、票据结算（如支票、本票、银行汇票、承兑汇票）、汇转结算（如电汇、网上支付），后者包括信用证结算、保函结算、第三方支付结算。

一、第三方支付业务流程

第三方支付平台是指与银行（通常是多家银行）签约，并具备一定实力和信誉保障的第三方独立机构提供的交易支持平台。第三方支付属支付结算范畴，是买卖双方在交易过程中的资金"中间平台"，是在银行监管下保障交易双方利益的独立机构。如图6-1所示，在通过第三方支付平台的交易中，买方选购商品后，使用第三方平台提供的账户进行货款支付，由第三方通知卖家货款到达、进行发货；买方检验物品后，通知付款给卖家，第三方再将款项转至卖家账户。作为网络交易的监督人和主要支付渠道，第三方支付平台提供了更丰富的支付手段和可靠的服务保证。

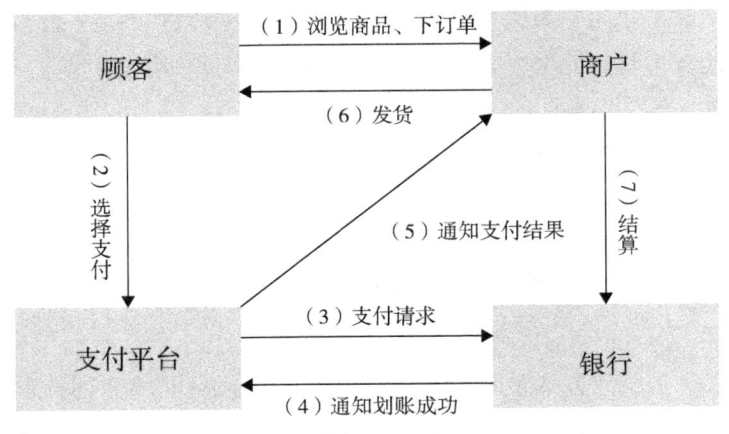

图6-1 第三方支付的基本业务流程

同步交换可以规避不等价交换的风险，因此为确保等价交换要遵循同步交换的原则。这就要求支付方式应与交货方式相适配，对当面现货交易，适配即时性一步支付方式；对隔面或期货交易，适配过程化分步支付方式。传统的支付方式往往是简单的即时性直接付转，一步支付。钞票结算和票据结算适配当面现货交易，可实现同步交换；汇转结算中的电汇及网上直转也是一步支付，适配隔面现货交易，但若无信用保障或法律支持，会导致异步交换引发非等价交换风险，现实中买方先付款后不能按时按质按量收获标的，卖方先交货后不能按时如数收到价款，被拖延、折扣或拒付等引发经济纠纷的事件时有发生。过程化分步支付方式应合了交易标的流转验收的过程性特点，款项从启动支付到所有权转移至对方不是一步完成，而是在中间增加中介托管环节，由原来的直接付转改进到间接汇转，业务由一步完成变为分步操作，从而形成一个可监可控的过程，按步骤有条件进行支付。这样就可货走货路，款走款路，两相呼应，同步起落，使资金流适配货物流进程达到同步相应的效果，使支付结算方式更科学化、合理化地应合市场需求。

在实际操作中，由于现货标的的面对面交易，同步交换容易实现；但许多情况下由于交易标的的流转验收（如商品货物的流动、服务劳务的转化）需要过程，货物流和资金流的异步和分离的矛盾不可避免，同步交换往往难以实现。而异步交换，先收受对价的一方又容易违背道德和协议，破坏等价交换原则，故先支付对价的一方往往会受制于人，自陷被动、弱势的境地，承担风险。在现实的有形市场，异步交换权可以附加信用保障或法律支持来进行，而在虚拟的无形市场，交易双方互不认识，不知根底，故此，支付问题曾经成为电子商务发展的瓶颈之一，卖家不愿先发货，怕货发出后不能收回货款；买家不愿先支付，担心支付后拿不到商品或商品质量得不到保证。博弈的结果是双方都不愿意先冒险，网上购物无法进行。为满足上述异步交换的市场需求，第三方支付应运而生。第三方是买卖双方在缺乏信用保障或法律支持的情况下的资金支付"中间平台"，买方将货款付给买卖双方之外的第三方，第三方提供安全交易服务，其运作实质是在收付款人之间设立中间过渡账户，使汇转款项实现可控性停顿，只有双方意见达成一致才能决定资金去向。第三方担当中介保管及监督的职能，并不承担什么风险，所以确切地说，这是一种支付托管行为，通过支付托管实现支付保证。

在实际操作过程中，这个第三方机构可以是发行信用卡的银行本身。在进行网络支付时，信用卡号以及密码的披露只在持卡人和银行之间转移，降低了其通过商家转移而导致的风险。

当第三方是除了银行以外的具有良好信誉和技术支持能力的某个机构时，支付也通过第三方在持卡人或消费者和银行之间进行。持卡人首先和第三方以替代银行账号的某种电子数据的形式（例如邮件）传递账户信息，避免了持卡人将银行信息直接透露给商家，另外也可以不必登录不同的网上银行界面，取而代之的是每次登录时，都能看到相对熟悉和简单的第三方机构的界面。第三方机构与各个主要银行之间又签订有关协议，使得第三方机构与银行可以进行某种形式的数据交换和相关信息确认。这样第三方机构就能实现在持卡人或消费者与各个银行，以及最终的收款人或者是商家之间建立一个支付的流程。

2001年，国内的第三方支付不断兴起，它的最大问题是门槛低，价值有限，简单地做网关软件而并不深入。到2005年，新支付企业包括易宝、支付宝、财付通等逐渐发展起来，呈现出一种全新的模式。第三方支付开始具有更高的技术含量，业务模式也变得更加多元化。互联网第三方支付从发展历程来看，经过了两个阶段：第一个阶段，"线上支付"，顾名思义，这种支付方式利用的就是互联网技术的特性。2012年，在线支付的规模大约有3.66万亿元，过去7年的年均增速达到111%。随着互联网技术的进一步发展，在线支付的方式更多地转向了第二个阶段——移动支付。手机终端的普及使得原来以 PC 终端作为基础的线上支付阵地发生了转移。随着阵地的转移，第三方支付在支付的手段上也有新的发展。二维码、条码、卡片扫描等各种便利移动终端使用的支付手段不断被创新出来。

二、第三方支付的特点

第一，第三方支付平台提供一系列的应用接口程序，将多种银行卡支付方式整合到一个界面上，负责交易结算中与银行的对接，使网上购物更加快捷、便利。消费者和商家不需要在不同的银行开设不同的账户，可以帮助消费者降低网上购物的成本，帮助商家降低运营成本；同时，还可以帮助银行节省网关开发费用，并为银行带来一定的潜在利润。

第二，较之 SSL（Secure Sockets Lager，安全套接层）、SET（Secure Electronic Transsaction，安全电子交易）等支付协议，利用第三方支付平台进行支付操作更加简单而易于接受。SSL 是应用比较广泛的安全协议，在 SSL 中只需要验证商家的身份。SET 协议是发展的基于信用卡支付系统的比较成熟的技术。但在 SET 中，各方的身份都需要通过 CA（Certificate Authority，数字证书认证中心）进行认证，程序复杂，手续繁多，速度慢且实现成本高。有了第三方支付平台，商家和客户之间的交涉由第三方来完成，使网上交易变得更加简单。

第三，第三方支付平台本身依附于大型的门户网站，且以与其合作的银行的信用作为信用依托，因此第三方支付平台能够较好地突破网上交易中的信用问题，有利于推动电子商务的快速发展。

在通过第三方平台的交易中，买方选购商品后，使用第三方平台提供的账户进行货款支付，由对方通知卖家货款到达、进行发货；买方检验物品后，就可以通知付款给卖家。第三方支付平台的出现，从理论上讲，杜绝了电子交易中的欺诈行为。

在第三方支付交易流程中，支付模式使商家看不到客户的信用卡信息，同时又避免了信用卡信息在网络上多次公开传输而导致信用卡信息被窃。

以 B2C 交易为例：第一步，客户在电子商务网站上选购商品，最后决定购买，买卖双方在网上达成交易意向；第二步，客户选择利用第三方作为交易中介，客户用信用卡将货款划到第三方账户；第三步，第三方支付平台将客户已经付款的消息通知商家,并要求商家在规定时间内发货;第四步,商家收到通知后按照订单发货;第五步,客户收到货物并验证后通知第三方;第六步,第三方将其账户上的货款划入商家账户中,交易完成。

总的来看,第三方支付具有如下优点:

(1) 对商家而言,通过第三方支付平台可以规避无法收到客户货款的风险,同时能够为客户提供多样化的支付工具。尤其为无法与银行网关建立接口的中小企业提供便捷的支付平台。

(2) 对客户而言,不但可以规避无法收到货物的风险,而且货物质量在一定程度上也有了保障,增强客户网上交易的信心。

(3) 对银行而言,通过第三方平台,银行可以扩展业务范畴,同时也节省了为大量中小企业提供网关接口的开发和维护费用。

同时,第三方支付也隐含着如下缺点:

(1) 风险问题

在电子支付流程中,资金都会在第三方支付服务商处滞留,即出现所谓的资金沉淀,如缺乏有效的流动性管理,则可能存在资金安全和支付的风险。同时,第三方支付机构开立支付结算账户,先代收买家的款项,然后付款给卖家,这实际上已突破了现有的诸多特许经营的限制,它们可能为非法转移资金和套现提供便利,因此形成潜在的金融风险。

(2) 电子支付经营资格的认知、保护和发展问题

第三方支付结算属于支付清算组织提供的非银行类金融业务,银行将以牌照的形式提高门槛。因此。对于那些从事金融业务的第三方支付公司来说,面临的挑战不仅仅是如何盈利,更重要的是能否拿到将要发出的第三方支付业务牌照。

(3) 业务革新问题

因为支付服务客观上提供了金融业务扩展和金融增值服务,其业务范围必须要明确并且要大胆推行革新。目前,全球拥有手机的人多于拥有电脑的人,相对于单纯的网上支付,移动支付领域将有更大的作为,所以第三方支付也应趁此机遇改进自己的业务模式,取得更大发展。

(4) 恶性竞争问题

电子支付行业存在损害支付服务甚至给电子商务行业发展带来负面冲击的恶意竞争的问题。国内的多数的专业电子支付公司与银行之间采用纯技术

网关接入服务,这种支付网关模式容易造成市场严重同质化,也挑起了支付公司之间激烈的价格战。由此直接导致了这一行业"利润削减快过市场增长",在中国,惯用的价格营销策略让电子支付行业吞下了利润被摊薄的苦果。

(5) 法律、法规支持问题

《电子支付指引(第二号)》法规的颁布将一定程度解决这个问题。

三、第三方支付企业分类

第三方支付的企业主要分为以下几类:

(1) 互联网型支付企业

以支付宝、财付通为首的互联网型支付企业,它们以在线支付为主,捆绑大型电子商务网站,迅速做大做强。

(2) 金融型支付企业

以银联商务、快钱、汇付天下、易宝、拉卡拉等为首的金融型支付企业,侧重行业需求和开拓行业应用。

(3) 第三方支付公司为信用中介

以非金融机构的第三方支付公司为信用中介,类似银联商务、拉卡拉、嘉联支付这类手机刷卡器产品通过和国内外各大银行签约,具备很好的实力和信用保障,是在银行的监管下保证交易双方利益的独立机构,在消费者与银行之间建立起某种形式的数据交换和信息确认的支付流程。

目前,用户数量最大的第三方支付品牌是支付宝和PayPal,前者是阿里巴巴旗下产品,后者主要在欧美国家流行,据称,截至2009年7月,支付宝用户超过2亿。阿里作为一家提供电子商务交易平台的互联网企业,在最近十多年里,用互联网改变了很多人的生活方式,从购物到出行,从通信到社交,如今阿里巴巴又以令人吃惊的速度进入金融领域,再一次对传统的格局和观念发起冲击。

2013年6月13日支付宝上线了余额增值服务——余额宝存款业务。余额宝上线后平均每天"吸金"近3亿元,5个月以后规模突破1000亿元,到2013年11月底的规模已达1800亿元,用户活跃度让传统基金销售渠道相形见绌,也令长期以来处于垄断地位的银行面临严重的竞争压力。

第六章 信息流与资金流的第二类结合

余额宝之所以能以超乎人们想象的速度发展，主要原因有以下几个方面：

第一，余额宝极大地满足了普通老百姓的投资需求。我国是全球储蓄总金额最大、人均储蓄最多、储蓄率最高的国家。截至2013年8月，我国居民储蓄余额已超过40万亿元，其中活期存款余额超过3万亿元，人均储蓄已经超过3万元，居民储蓄率已超过50%，远远超过世界平均水平。缺少投资渠道的普通老百姓，无奈地将钱存入银行，以获取实际利率为负的利息收入，而余额宝低门槛、高收益的金融服务，极大地满足了老百姓的市场需求，很快得到了市场的追捧。

第二，稳定的支付宝客户群为互联网金融业务的发展提供了基础平台。阿里的电子商务平台通过几年的打造，已经建立了相对完善和先进的网络体系，企业品牌和诚信度得以提升，客户已越来越习惯和信任通过支付宝来实现网购或其他的支付。而已经开通了支付宝业务的用户，将银行活期存款转移到余额宝就成了一件水到渠成的事。

第三，人性化并持续创新的服务方式使客户的满意度不断提高。余额宝不像传统的理财产品，它不设最低额，据统计余额宝用户的人均投资额不足2000元。业内人士认为，互联网金融低门槛的服务，可以满足大众碎片化的理财需求。另外，相隔不久推出的手机版的支付宝钱包功能将账户中的余额宝资金显示在资金列表中，同样可直接用于手机支付，用户无须再将资金转出。阿里贴近客户、贴心客户的服务能力和服务方式，使其客户数量呈几何倍数增长。

阿里战略性地涉足互联网金融，绝不可能仅仅满足于现状。2013年11月18日，POS支付被银联"掐死"后，支付宝新推出的"声波支付"重新投入线下支付市场。支付宝钱包相关负责人表示，以"声波支付"为代表的当面付模式，会和余额宝、公众账号等功能一起，成为支付宝钱包的发展重心。这一业务的实现，将是继余额宝令银行活期存款搬家之后，再次对银行线下消费刷卡手续费收入的重磅一击。

2014年4月1日，一条支付宝将推"空付"的大新闻悄然在微信朋友圈里蔓延。据称，消费者今后不需要借助手机、电脑、银行卡，只要凭借脸面、手掌，甚至是文身、宠物等就可以实现支付。如果你没带钱包、手机，在一家便利店里挑了一堆日用品，再付款的时候，只要把脸凑近一个支付设备，随便做个鬼脸就完成了支付过程。"空付"的核心功能是：通过对任意实物扫描授权赋予支付能力。只要出示该物品，经过独有的技术快速识别后，即可成功完成支付。也就是说，只要运用增强支付现实技术（Augmented Pay Reality，APR）和信息回溯保障系统（Information Recall Secure，IRS）这两种技术，我们就可以脱离开手机，用任何事物进行授权，赋予不同价值；还可以将已授权的实物，作为礼品赠予他人。不过，专家表示，随着科技和风控手段的不断提升，实现"空付"并非不可能，预计未来商业银行、互联网金融机构等将在创新支付领域展开"大战"。虽然目前"空付"是支付宝大胆设想的结果，但是未来在相关风控技术完善的情况下也有可能实现。

除此之外，拉卡拉是中国最大线下便民金融服务提供商；中国银联旗下银联电子支付也开始发力第三方支付，推出了银联商务提供相应的金融服务；财付通是腾讯公司于2005年9月正式推出的专业在线支付平台，致力于为互联网用户和企业提供安全、便捷、专业的在线支付服务。

四、移动支付

近几年，随着移动互联网及智能手机的技术革新和移动社交平台爆炸式的增长，人们开始发现，基于移动社交平台的移动支付系统存在巨大的发展空间，移动支付应运而生。作为互联网支付在媒介上的补充，发达国家完善的网络基础设施为移动支付提供了良好的发展条件；而移动支付本身又能够明显改善用户体验，减少刷卡费等成本。因此当下在全世界范围内，关键的战场是移动支付领域，除PayPal以外，比较大的玩家还有Google Wallet、Square、Stripe等。

下面以移动支付领域的佼佼者Square为例，进行移动支付商业模式的介绍。

典型企业：Square

Square是Twitter联合创始人杰克·多西（Jack Dorsey）于2009年12月在美国旧金山市成立的移动支付创业公司，主要解决个人和企业的移动端支付问题。其两大业务体系为：Square reader读卡器和Pay with Square便捷移动支付。截至2011年12月，使用Square移动支付业务的商家数量已超过100万，占美国所有支持信用卡支付商家的1/8，并以每月新增10万商户的速度增长。

自从 2009 年创立以来，Square 就一直备受华尔街的青睐。此前，花旗创投和摩根大通数字成长基金（Digital Growth Fund）、红杉资本、科莱纳·帕金斯（Kleiner Perkins）、首轮资本（First Round Capital）和玛丽莎·迈耶（Marissa Mayer）等都曾投资过 Square。高盛的前任 CFO 大卫·维尼亚（David Viniar）还于 2013 年 10 月加入了 Square 的董事会。Square 此前已融资 3.41 亿美元，公司估值也迅速上升。在最近一轮的融资中，Square 的估值已高达 50 亿美元。

Square 的盈利模式简单明了。其最主要的收入来源是向用户收取的交易服务费，目前为每笔交易额的 2.75%。2012 年年初，其年交易量达 40 亿美元，实际营收超过 1 亿美元。主要成本在于：①交付给各银行的交易佣金；②Square 刷卡器硬件成本；③团队的开发和运营成本。

Square 提供的基础价值即"移动支付"本身，解决了商家和个人用户直接的资金交易问题。同时，Square 还提供了交易管理、消费者与商家间的交互、移动社交等与支付和日常生活息息相关的价值。

综上所述，当今时代，互联网金融支付正在经历前所未有的变革和创新，一切大胆、全新和摆脱传统束缚的创意都可以成为金融支付的源动力和实现目标。支付创新的巨大变革将使得我们的生活更加信息化，加速了互联网金融进程的发展。由技术创新带来的互联网革命，亦在全面驱动中国金融改革创新。

第二节　P2P 网贷

P2P 网络借贷平台，是 P2P 借贷与网络借贷相结合的金融服务网站。P2P 借贷是 peer to peer lending 的缩写，peer 是同辈、同伴的意思。网络借贷指的是借贷过程中，资料与资金、合同、手续等全部通过网络实现，它是随着互联网的发展和民间借贷的兴起而发展起来的一种新的金融模式，这也是未来金融服务的发展趋势。

P2P 小额借贷是一种将非常小额度的资金聚集起来借贷给有资金需求人群的一种商业模型。它的社会价值主要体现在满足个人资金需求、发展个人信用体系和提高社会闲散资金利用率三个方面，由 2006 年"诺贝尔和平奖"

得主穆罕默德·尤努斯教授（孟加拉国）首创。1976 年，在一次乡村调查中，穆罕默德·尤努斯教授把 27 美元借给了 42 位贫困的村民，以支付他们用以制作竹凳的微薄成本，使他们免受高利贷的盘剥。由此开启他的小额贷款之路。1979 年，他在国有商业银行体系内部创立了格莱珉（Grameen）分行，开始为贫困的孟加拉妇女提供小额贷款业务。

P2P 主要是指个人通过第三方平台在收取一定费用的前提下向其他个人提供小额借贷的金融模式。如图 6-2 所示[43]，客户对象主要有两方面：一是将资金借出的客户，二是需要贷款的客户。

随着互联网技术的快速发展和普及，P2P 小额借贷逐渐由单一的线下模式转变为线下线上并行，随之产生的就是 P2P 网络借贷平台。这使更多人享受到了 P2P 小额信贷服务。P2P 网络借贷平台发展的另一个重要目的，就是通过这种借贷方式来缓解人们因为在不同年龄时收入不均匀而导致的消费力不平衡问题。

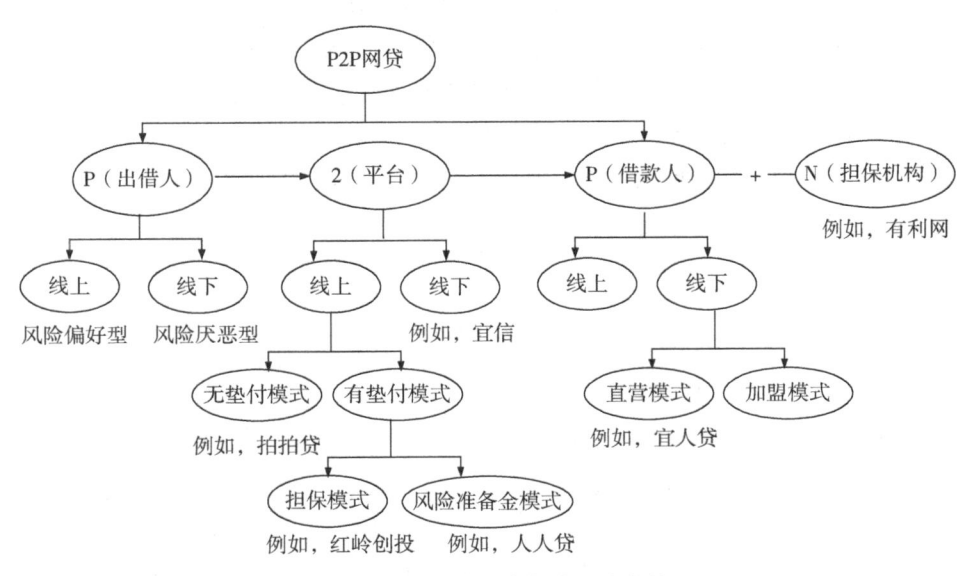

图 6-2　P2P 网贷平台相关利益方关系

另外一个现实情况是，目前在我国中小微企业融资难、融资贵的问题一直困扰着企业的发展。据统计，中国 150 万亿元金融资产中仅有不到 20 万亿元配置在中小微企业方面。传统金融机构一方面认为中小企业规模小，抗风险能力弱，信息不透明，贷款风险高，不敢给它们放款；另一方面认为给中小企业融资风控成本过高，贷 100 万元和贷 10 亿元的风控流程相同，投入人力相同，但收益差距巨大，考虑到风险和收益不匹配所以不愿给中小企业贷款。因此中小企业在金融机构面前话语权弱，这是造成中小企业融资难的根本原因。融资贵则主要体现在中小企业贷款利率上，目前我国一年期贷款基准利率为 4.35%，但商业银行给予小微企业的利率一般要在基准利率的基础上上浮 30% 以上，甚至可达 100% 或更多。除了上浮基准利率外，还有担保费用、资产评估费用等。个别银行还有搭售理财产品、搭售保险产品、以贷转存、过桥续贷、或明或暗的潜规则等行为，这些都会使中小企业的融资成本上升。P2P 网贷作为时下最受瞩目的互联网金融产物，以其便捷快速的借款模式、地域限制性低、独特的风控体系以及便利性，解决了很多小微企业融资、贷款的迫切需求，为中小微企业的发展带来了便利性，也为传统金融结构提供了有益补充。

在上述背景下，互联网金融近两年风生水起、发展迅猛。首先，互联网金融打通了融资需求和投资需求的通道，使融资方和投资方通过互联网直接相连。其次，打破了融资方和投资方的地域限制和时空限制，使投资者和融资者无限对接。再次，最大限度地挖掘民间资本使民间融资透明化。最后，为民间投资者和融资方提供了良好的投融资渠道。另外，互联网金融融资的成本透明，效率高，业务操作流程完全标准化，处理速度更快，用户体验更好，这些都是传统融资渠道所不能比拟的。

2007 年国外网络借贷平台模式引入中国以来，国内 P2P 网络借贷平台蓬勃发展、百花齐放，迅速形成了一定规模。《中国互联网金融报告（2014）》显示，截至 2014 年 6 月，P2P 网贷平台数量达到 1263 家，半年成交金额接近 1000 亿元人民币，接近 2013 年全年成交金额。在缓解小微企业融资难方面，互联网金融继续发挥着重要作用。

一、P2P 发展阶段

截至目前，我国 P2P 网贷的发展可以划分为如下四个阶段：
（1）第一阶段（2007—2012 年，以信用借款为主的初始发展期）
2007 年国内首家 P2P 网络借贷平台在上海成立，让很多敢于尝试互联网投资的投资者认识了 P2P 网络借贷模式。这一阶段，全国的网络借贷平台大约发展到 20 家，活跃的平台只有不到 10 家，截至 2011 年年底月成交金额大约 5 亿元，有效投资人 1 万左右。

网络借贷平台初始发展期，绝大部分创业人员都是互联网创业人员，没有民间借贷经验和相关金融操控经验，因此他们借鉴拍拍贷模式以信用借款为主，只要借款人在平台上提供个人资料，平台进行审核后就给予一定的授信额度，借款人基于授信额度在平台发布借款标。

但由于我国的公民信用体系并不健全，平台与平台之间缺乏联系和沟通，随之出现了一名借款人在多家网络借款平台同时进行信用借贷的问题，最为著名的是天津一个网名叫坦克的借款人，在多家平台借款总额高达 500 多万元，这笔借款最终因逾期成为各个平台的坏账。

基于以上问题的重复叠加出现，各个网络借贷平台于 2011 年年底开始收缩借款人授信额度，很多平台借款人因此不能及时还款，造成了借款人集中违约。由此以信用借款为主的网络借贷平台于 2011 年 11 月—2012 年 2 月遭遇了第一波违约风险，这一时期网络借贷平台最高逾期额达到 2500 万元，诸多网络借贷平台逾期额超过 1000 多万元，截至目前这些老平台仍有超过千万元的坏账无法收回。

（2）第二阶段（2012—2013 年，以地域借款为主的快速扩张期）

这一阶段，网络借贷平台开始发生变化，一些具有民间线下放贷经验同时又关注网络的创业者开始尝试开设 P2P 网络借贷平台。同时，一些软件开发公司开始开发相对成熟的网络平台模板，每套模板售价在 3 万~8 万元，弥补了这些具有民间线下放贷经验的创业者开办网络借贷平台技术的欠缺。基于以上条件，此时开办一个平台成本大约在 20 万元，国内网络借贷平台从 20 家左右迅速增加到 240 家左右，截至 2012 年年底月成交金额达到 30 亿元，有效投资人 2.5 万~4 万人。

由于这一阶段开办平台的创业者具备民间借贷经验，了解民间借贷风险，因此，他们吸取了前期平台的教训，采取线上融资线下放贷的模式，以寻找本地借款人为主，对借款人实地进行有关资金用途、还款来源以及抵押物等方面的考察，有效降低了借款风险，这个阶段的 P2P 网络借贷平台业务基本真实。但由于个别平台老板不能控制欲望，在经营上管理粗放、欠缺风控，导致平台出现挤兑倒闭情况。

(3) 第三阶段（2013—2014 年，以自融高息为主的风险爆发期）

这一阶段，网络借贷系统模板的开发更加成熟，甚至在淘宝店花几百元就可以买到前期的网络借贷平台模板。由于 2013 年国内各大银行开始收缩贷款，很多不能从银行贷款的企业或者在民间有高额高利贷借款的投机者从 P2P 网络借贷平台上看到了商机，他们花费 10 万元左右购买网络借贷系统模板，然后租个办公室简单进行装修就开始上线圈钱。这阶段国内网络借贷平台从 240 家左右猛增至 600 家左右，2013 年年底月成交金额在 110 亿元左右，有效投资人 9 万~13 万人。

这阶段上线平台的共同特点是以月息 4% 左右的高利吸引追求高息的投资人，这些平台通过网络融资后偿还银行贷款、民间高利贷或者投资自营项目。由于自融高息加剧了平台本身的风险，2013 年 10 月这些网络借贷平台集中爆发了提现危机。

其具体原因分析如下：10 月份国庆 7 天小长假过后，很多平台的资金提现积累到了几百万元以上，由于这些平台本身没有准备或者无法筹集现金应对提现，造成追求高息的投资人集体心理恐慌，集中进行提现，使这些自融的平台立刻出现挤兑危机。2013 年 10 月至年末，大约 75 家平台出现倒闭、跑路，或者不能提现的情况，涉及总资金在 20 亿元左右。

(4) 第四阶段（2014 年至今，以规范监管为主的政策调整期）

这一阶段，国家表明了鼓励互联网金融创新的态度，并在政策上对 P2P 网络借贷平台给予了大力支持，使很多始终关注网络借贷平台而又害怕政策风险的企业家和金融巨头开始尝试进入互联网金融领域，组建自己的 P2P 网络借贷平台。

2014 年 P2P 网络借贷平台集中上线期应该在 8 月左右，据统计截至 2015 年 4 月底全国 P2P 网络借贷平台每月资金成交量已经超过 160 亿元，截至 2015 年 12 月底，网贷行业运营平台达 2595 家，同比增长 1020 家，绝对增量超过 2014 年，创历史新高。

二、P2P 运营模式及 P2P 网贷优点

1. P2P 常见运营模式

（1）传统 P2P 模式

在传统 P2P 模式中，网贷平台仅为借贷双方提供信息流通交互、信息价值认定和其他促成交易完成的服务，不实质参与到借贷利益链条之中，借贷双方直接发生债权债务关系，网贷平台则依靠向借贷双方收取一定的手续费维持运营。在我国，由于公民信用体系尚未规范，传统的 P2P 模式很难保护投资者利益，一旦发生逾期等情况，投资者血本无归。

P2P 网贷的风险管理正在不断的探索实践中，比如信用贷款方面引入亲朋进行联保，其他贷款方面则引入抵押或质押进行反担保。同时，企业贷款项目引进第三方融资担保公司对项目进行审核和本息担保，并要求其担保规模要与担保方的担保额度相匹配，担保方也要加强自身的风控管理等。

（2）债权转让模式

债权转让模式能够更好地连接借款者的资金需求和投资者的理财需求，主动地批量化开展业务，而不是被动等待各自匹配，从而实现了规模的快速扩大。它与国内互联网发展尚未普及到小微金融的目标客户群体息息相关，几乎所有 2012 年以来成立的网贷平台都采用债权转让模式。

因为信用链条的拉长，以及机构与专业放贷人的高度关联性，债权转让的 P2P 网贷形式受到较多质疑，并被诸多传统 P2P 机构认为这"并不是 P2P，而且遇到风险会影响 P2P 行业"。

2. P2P 网贷的优点

（1）年复合收益高

普通银行的 3 年期定期存款年利率只有 3%，理财产品、信托投资等也一般在 10% 以下，与网贷产品动辄 20% 以上的年利率是没法相比的。

（2）操作简单

网贷的一切认证、记账、清算和交割等流程均通过网络完成，借贷双方足不出户即可实现借贷目的，而且一般额度都不高，无抵押。对借贷双方都是很便利的。

(3) 开拓思维

网贷促进了实业和金融的互动，也改变了贷款公司的观察视野、思维脉络、信贷文化和发展战略，打破了原有的借贷局面。

3. P2P 网贷的缺点

(1) 无抵押，高利率，风险高

与传统贷款方式相比，网贷完全是无抵押贷款。并且，央行一再明确"年复合利率超过银行利率 4 倍不受法律保护"，也增加了网贷的高风险性（一般是银行利率的 7 倍甚至更高）。

(2) 信用风险

网贷平台固有资本较小，无法承担大额的担保，一旦出现大额贷款问题，很难得到解决。而且有些借款者也是出于行骗的目的进行贷款，而贷款平台的创建者有些目的不单纯，携款逃跑的案例屡有发生。

三、P2P 投资风险

P2P 网贷的投资风险主要有以下 4 种：

(1) 资质风险

网贷不同于金融机构，金融机构是"净资本"管理，无论是银行还是信托公司都要有自己的注册资本，其注册资本少则几亿元，多则十几亿元甚至几十亿元，且注册资本不是用来经营的，而是一种担保，是一种"门槛"。但由于网贷公司门槛低，平台软件几千元到几万元都可以买到，很多在民间借贷欠款的人，买个平台虚拟借款人、虚拟抵押物品，以高利率吸引投资人投资。高利率一般都是年利息最少为 30%，个别平台达到了 50%~70%。

(2) 管理风险

P2P 网络借贷看似简单，其实是一个比银行及其他金融机构都要复杂的模式。P2P 网贷属于新兴产业，是金融行业的创新模式，其发展历程不过几年，市场并没有达到成熟的地步。很多投资人及借款人都没有正确对待这种金融产品，只是冲着高收益而去，而资金需求者则奔着套现而去。作为网贷公司本身，由于开设的初衷只是为了牟利，其组织架构中缺乏专业的信贷风险管理人员，不具备贷款风险管理的知识、资质，因此很难把握和处理好平台运营过程中所出现的问题，容易产生大量的坏账，最终只能倒闭。

（3）资金风险

对 P2P 网贷来说，投资人的资金流向也是至关重要的。不少网贷平台不仅没有采取第三方资金管理平台，还可以动用投资人的资金，特别是一些网贷平台经营者自己从平台借款几千万元，用于企业经营，达到自借自用，风险无人控制也无人承担，其背后隐藏着巨大的资金风险只能落在投资人的头上，这也是不少平台能出现跑路的原因。目前最为安全的做法是将投资人的资金置于第三方支付平台进行监管，作为平台要严控其动用投资人资金，唯有这样才能给投资人的资金增加保障。

（4）技术风险

信息技术的进步常引发新的、更多形式的安全威胁手段与途径，随着网贷行业的蓬勃发展，各平台多是购买模板，在进行技术改造时不能保证完全成熟和完善，存在安全隐患，然而平台经营者往往宁可花费几十万元搞营销也不肯重视技术，从而极大地影响计算机系统运行的稳定性。技术漏洞的存在，导致恶意攻击风险不断，如电脑黑客入侵等，攻击平台、修改投资人账户资金、虚拟充值真提现等问题开始逐步显现。特别是由于网贷属于新兴业务，相关的法律法规条文非常缺乏，黑客大肆攻击、要挟平台事件频繁出现，严重影响了平台的稳定运行。

四、P2P 的监管

在当前 P2P 网贷平台井喷式增长的形势下，难免鱼龙混杂。加强 P2P 监管的迫切性和重要性已成社会共识。总的来看，P2P 模式存在着以下三条监管红线。

（1）资金池模式

资金池模式是指部分 P2P 网络借贷平台通过将借款需求设计成理财产品出售给放贷人，或者先归集资金、再寻找借款对象等方式，使放贷人资金进入平台的中间账户，产生资金池。

（2）非法集资

所谓非法集资是指部分 P2P 网络借贷平台经营者未尽到借款人身份真实性核查义务，未能及时发现甚至默许借款人在平台上以多个虚假借款人的名义发布大量虚假借款信息（又称借款标），向不特定多数人募集资金。

(3) 庞氏骗局模式

众所周知的庞氏骗局是指个别P2P网络借贷平台经营者，发布虚假的高利借款标募集资金，并采用在前期借新贷还旧贷的庞氏骗局模式或短期内募集大量资金后卷款潜逃。

P2P网贷在风险控制安全问题上要下足功夫，网贷公司需要在互联网、IT、信贷、法律、财务等领域聘请业内精英，组建专业团队，通过互联网发展投资方客户，通过严格大量线下筛选，选出具备独立融资性担保和融资回购主体资格的机构，与之合作提供融资需求和风险控制。同时，所有资金均要在有安全保障的第三方进行，为投资者资金安全设立多重防火墙。每个项目上线前，必经的三个程序即对项目做完善的尽职调查、专业的风险测评和持续的贷后督导缺一不可，组成闭环。在资金管理方面，要实行出借人、借款人、平台资金严格分离，使用第三方的资金托管功能。信贷过程中资金永远在投资人或融资人的第三方托管账户里，永远不会出现在公司控制的账户中。如果借款人出现欠息或逾期，担保公司在贷款到期的第二个工作日向投资人代偿所有剩余本金及利息，有效地进行风险控制。

第三节 众　　筹

众筹（crowdfunding），即大众筹资或群众筹资，是指一种向群众募资，以支持发起的个人或组织的行为。众筹由发起人、跟投人、平台构成，具有低门槛、多样性、依靠大众力量、注重创意的特征，一般而言是通过网络上的平台联结起赞助者与提案者。现代众筹指通过互联网方式发布筹款项目并募集资金。相对于传统的融资方式，众筹更为开放，能否获得资金也不再是将项目的商业价值作为唯一标准。只要是网友喜欢的项目，都可以通过众筹方式获得项目启动的第一笔资金，为更多小本经营或创作的人提供了无限可能。

一、众筹的构成

如图6-3所示[43]，众筹由如下三个要素构成，发起人：有创造能力但缺乏资金的人；出资人：对筹资者的故事和回报感兴趣的、有能力支持的人；平台：连接发起人和支持者的互联网终端。

图6-3 众筹参与要素关系

目前，众筹一般遵循如下原则进行：

①筹资项目必须在发起人预设的时间内达到或超过目标金额才算成功。

②在设定天数内，达到或者超过目标金额，项目即成功，发起人可获得资金；筹资项目完成后，支持者将得到发起人预先承诺的回报，回报方式可以是实物，也可以是服务，如果项目筹资失败，那么已获资金全部退还支持者。

③众筹不是捐款，支持者的所有支持一定要设有相应的回报。

众筹的兴起源于美国网站Kickstarter，该网站通过搭建网络平台面对公众筹资，让有创造力的人可能获得他们所需要的资金，以便使他们的梦想有可能实现。这种模式的兴起打破了传统的融资模式，每一位普通人都可以通过这种众筹模式获得从事某项创作或活动的资金，使得融资的来源不再局限于风投等机构，而可以来源于大众。众筹在欧美逐渐成熟并推广至亚洲、中南美洲、非洲等发展中地区。伴随着股权制众筹、借贷制众筹的相关法律法规和政策在很多国家和地区的陆续出台，众筹在海外呈现出爆发式的发展局面。经过几年的迅速发展，众筹已经逐步形成股份制众筹、募捐制众筹、借贷制众筹和奖励制众筹等多种运营模式，也涌现出一批诸如Kickstarter、Rockethub、Indiegogo、GoFundMe、Seedrs、Smallknot、Appsplit的众筹网络平台。

2011年中国的众筹模式才出现，目前有一定规模的众筹网站不下10家，例如点名时间、众筹网等。但不同于其他互联网模式，众筹涉及集资、回报等经济问题。由于中美之间法律、政策的差异性，股权制众筹在中国的发展并非一帆风顺。目前奖励制众筹在我国居于众筹行业的主导地位，基于我国目前的法律制度环境，大多数众筹平台（包括点名时间、追梦网、淘梦网、亿觅网等）都属于奖励制的，仅有少部分众筹平台（诸如大家投、天使汇、创投圈等）从我国法律环境出发，谨慎地进行着疑似股权股份型众筹的初步尝试和探索。从国外互联网金融特别是众筹领域起步较早、发展较快、发展程度较高地区的发展轨迹来看，股权股份制众筹和借贷制众筹将会是今后众筹业发展的重点方向。因为不同的出资者风险偏好不一样，相对于单纯的实物产品而言，一些出资者可能对现金回报更加偏好。这样出资者可以提供一部分资金给项目发起者（即筹资者）使用，待项目结束后分享项目的收益或承担项目的亏损。这很好地解决了以往因众筹融资项目亏损、不能兑现曾对出资者所承诺的收益而产生的法律风险问题。此外，在此基础上可以细分融资结构，借鉴资产证券化的收益与风险结构。比如将项目分为债券与股权同时融资，待项目取得收益后，先将资金分给固定收益的出资者，再分给股权出资者等。这样做可行是因为不同的人对于风险和收益的偏好不同，有利于细分市场，达到资源配置最优目的。

国内众筹与国外众筹的差别还体现在对支持者的保护措施上，国外项目成功了，马上会给项目发起人去执行。国内为了保护支持者，把它分成了两个阶段，会先付50%的资金去启动项目，项目完成后，确定支持者都已经收到回报，才会把剩下的钱交给发起人。

众筹在促进金融资源有效配置上具有很多积极作用。

一般而言，传统的风投项目都来自关系网推荐或各种网站提交的资料，而众筹平台则为风投公司带来了更多的项目，也拥有更高效的机制对项目进行审核，能更快地与企业家进行沟通，令投资决策过程更加合理。

众筹平台可以帮助企业家了解如何准备及呈现自己的项目，从而吸引更多的投资人。

风投可以利用众筹平台上的资料，决定一个项目是否值得花时间。由于日程安排有限，很多风投资本家都认为众筹平台有其价值，节省了不少时间。风投每天都会收到数十份商业计划，格式不同，有些还缺乏必要的数据。而众筹平台会对公司进行分类整理，并以标准格式进行呈现，这能让投资者省下不少时间。

众筹平台可以让尽职审查过程变得更快。众筹平台会要求公司提供一些必要的数据，供投资者参考，帮助做出决策。标准化的项目呈现和商业计划节省了风投的时间，他们不必亲自搜索特定的信息，而这些信息往往会因格式不同而难以查找。众筹平台也可以提升信息分享、谈判及融资的速率，像AngelList，Fundable，Crowdfunder和EquityNet这样的众筹平台，都拥有自己的技术，帮助简化融资过程。

众筹平台还可以用来检验产品及服务的优劣。像Kickstarter这样的平台允许任何年满18岁的人参与，因而能让大批早期支持者帮助检验产品和服务，之后投资者可决定是否进一步参与。头载显示器Oculus Rift就是一个很好的例子，它先在众筹中成功获得了240万美元的资金，之后才获得了风投公司Andreeseen Horowitz（安德森·霍洛维茨）领投的7500万美元融资。

除此之外，众筹平台由于有成千上万的投资者使用它，投资者因此形成了一个群体，借助众筹平台他们可以相互交流，在尽职调查中提供投资帮助。借助集体的智慧，投资者也往往能做出更理性的决策。

二、众筹的特征

总的来看，众筹具有如下特征：

（1）低门槛：无论身份、地位、职业、年龄、性别，只要有想法有创造能力都可以发起项目。

（2）多样性：众筹的方向具有多样性，国内众筹网站上的项目类别包括设计、科技、音乐、影视、食品、漫画、出版、游戏、摄影等。

（3）依靠大众力量：支持者通常是普通的草根民众，而非公司、企业或是风险投资人。

（4）注重创意：发起人必须先将自己的创意（设计图、成品、策划等）达到可展示的程度，才能通过平台的审核，而不单单是一个概念或者一个点子，要有可操作性。

对于众筹有如下两个要点，要特别注意。

（1）众筹是不是非法集资

众筹模式从商业和资金流动的角度来看，其实是一种团购的形式，与非法集资有本质上的差别，所有的项目不能够以股权或是资金作为回报，项目发起人更不能向支持者许诺任何资金上的收益，必须是以实物、服务或者媒体内容等作为回报，对一个项目的支持属于购买行为，而不是投资行为。

（2）众筹成功的关键

①筹集天数恰到好处：众筹的筹集时间应该长到足以形成声势，又短到给未来的支持者带来信心。在国内外众筹网站上，筹资天数为 30 天的项目最容易成功。

②目标金额合乎情理：目标金额的设置需要将生产、制造、劳务、包装和物流运输成本考虑在内，然后结合项目本身设置一个合乎情理的目标。

③支持者回报设置合理：对支持者的回报要尽可能价值最大化，并与项目成品或者衍生品相配，而且应该有 3~5 项不同的回报形式供支持者选择。

④项目包装：一般来说有视频的项目比没有视频的项目多筹得 114% 的资金。中国国内的项目发起人，大多不具有包装项目的能力。

⑤定期更新信息：定期进行信息更新，以便让支持者进一步参与项目，并鼓励他们向其他潜在支持者提及你的项目。

⑥鸣谢支持者：给支持者发送电子邮件表示感谢或在您的个人页面中公开答谢他们，会让支持者有被重视的感觉，增加参与的乐趣，这点也常常被国内发起人忽视。

三、众筹的类型

概括地说，目前众筹主要有三种类型。

1. 奖励制众筹

奖励制众筹平台看上去与团购网站十分相似，但又有所不同。相似之处在于两者都通过在网络上发布"活动（或项目）"来吸引大众参与者的支持；明确规定所需的支持者人数（或金额）下限和截止期限；在截止期限内达到或超过预设的目标人数（或金额）下限，活动（或项目）方可生效，否则，资金将被返还给项目的支持者。

两者的不同之处在于，众筹较团购多了一重期货性质，换言之，众筹更像是一种团购和预购相结合的产物，"买家"（即众筹平台的项目支持者）无法在支付后立即获得"卖家"（即众筹平台的项目发起者）售出的"商品"（即众筹平台项目的回报）。通常，根据项目的不同性质，项目发起者会在项目成功后的几天甚至几十天内向项目的支持者兑现事先所承诺的回报。既然具有预购性质，众筹模式一方面能够使消费者的消费资金前移，提高生产资金筹备和销售等环节的效率，产生出原来可能无法实现的新产品；另一方面通过众筹可以获得潜在消费者对于预期产品的市场反馈，从而满足用户更加细化和个性化的需求，有效规避盲目生产所带来的风险和资源浪费。

值得注意的是，众筹平台的规模越大、知名度越高，其桥梁的作用越能更好地发挥出来。如果平台规模较小，浏览人数和参与人数不多，众筹平台不仅不能很好地起到桥梁的作用，反而会对项目发起者的判断造成干扰。众筹和普通筹资相比，突出的就是一个"众"字，正所谓"众人拾柴火焰高"。通常情况下，众筹平台的流量和知名度是成正比的，通俗地讲，上线的高质量众筹项目越多，寻觅项目的出资者越聚集，平台的知名度越高；而平台的知名度越高，出资者越聚集，高质量众筹项目越会蜂拥而至。

2. 募捐制众筹

在募捐制众筹模式下，通过众筹平台支持某个产品或服务，从形式上看似乎和通过电商预购某种产品或服务没有太大差别，但是实际上众筹平台的项目支持者和电商商品的消费者的心理活动是存在差异的。如果说消费者通过电商购买某种产品看重的是"物有所值"，那么募捐制众筹模式下支持者对某个项目的"出资支持行为"则表现出更多的"重在参与"的属性，换言之，募捐制众筹的支持者几乎不会在乎自己的出资最终能得到多少回报，显然，他们的出资行为带有更多的捐赠和帮助的公益性质。众筹网站和团购网站的区别就在于众筹网站带有一定程度的公益性质，将购买消费品的行为转换成了捐助梦想的行为。因此，在募捐制众筹模式下，大众作为投资人，与其说在进行一项投资行为，不如说正在进行一项带有赠予性质的公益行为。

3. 股权制众筹

2012年4月，美国总统奥巴马签署了《促进创业企业融资法》（《JOBS法案》），进一步放松对私募资本市场的管制，《JOBS法案》允许小企业在众筹融资平台上进行股权融资，不再局限于实物回报；同时法案也做出了一些保护项目支持者利益的规定。法案规定，对每一个项目来讲，其融资规模在12个月内不能超过100万美元；同时也限制了每一个特定出资者的融资规模，不可超过其年收入的5%。该法案的通过为众筹融资网站提供了新的发展空间，也为金融创新提供了法律框架。

股权制众筹平台FundersClub是美国JOBS法案的产物。该法案允许公司吸收除传统投资者外的资金。FundersClub严格筛选一批"高客户增长、前途乐观、受投资者追捧和有其他增长信号"的初创公司，供"合格的投资者"挑选。FundersClub对出资者要求很高，必须具备年收入超过20万美元或者净资产超过100万美元身价（美国《JOBS法案》规定），出资者出资额度最小为1000美元，并以获得股权作为回报。等这些公司被收购或者上市，出资者可以将股权变现获取回报，FundersClub从中收取手续费。所有的法律文书和转账手续都在网上完成。

具有代表性的股权众筹平台有英国的Crowdcube（全球首个股权众筹平台）、美国的Fundable，非股权众筹平台有美国的Kickstarter和IndieGoGo、阿根廷的Idea.me等。

在欧美诸多众筹平台当中，成立于2009年4月的Kickstarter最具代表性。它是目前全球最大最成功的众筹平台。Kickstarter早在2010年就实现了盈利，并且成功为诸如Instagram、Nest和WhatsApp这些初创企业的创始人提供了大量原始资金。

2013年，Kickstarter共有300万用户参与了总计4.8亿美元的项目众筹，平均每天筹集130万美元资金，或每分钟筹集913美元，有超过80万的用户参与了至少两次的项目众筹，有8.1万用户支持了超过10个的项目，不过最终众筹成功的项目总共只有19 911个。2013年参与众筹的用户分布在全世界七大洲的214个国家，甚至包括了来自南极洲的用户。相比2012年的240万用户的3.2亿美元的总众筹金额，Kickstarter还是处于增长状态，虽然比较缓慢。

Kickstarter的自我定位是"全球最大的创意项目融资平台"，是一个非股权类的综合性众筹平台。其众筹的项目分为艺术、漫画、舞蹈、设计、时尚、电影和视频、食物、游戏、音乐、摄影、出版、技术和剧院等共计13类。

Kickstarter的商业模式涉及的四个主体分别为融资人、捐助者、

Kickstarter 平台和第三方支付机构亚马逊支付（Amazon Payment）。

项目融资人发布自己的项目，预设融资额、融资时长以及不同的出资额将会获得的不同回报——这个回报可能是一个产品样品，可能是在项目里添加捐助者的名字，也有可能是一些项目的源代码，但绝不会是资金回报。

捐助者为自己喜欢的项目进行各种层级的投资，可以是 10 美元，甚至也可以是 1 万美元。若一个项目在规定的时间内达到了融资人预设的融资额，则融资成功，捐助者会在项目完成后，按照之前的条约获得相应的回馈。反之，若在规定时间内融资额没有达到预定标准，已经捐助进去的钱会返还到各个捐助者的账户。

Kickstarter 平台会在项目发布前对其进行评估，只有通过审核的项目才能在网站上发布。若项目融资成功，Kickstarter 会抽取融资额的 5% 作为收入。这 5% 的佣金收入便是 Kickstarter 的主要收入来源。

Amazon Payment 则是整个交易过程中最重要的资金托管和交易平台。因为捐助者的钱全部打进 Amazon Payment，融资者也只有通过 Amazon Payment 才能把钱转进自己的账户。Amazon 会依照交易额的大小收取 3%~5% 的交易费用。在美国，涉及直接货币传输交易时，有的州规定需要获得货币传输证（Money Transmission License），而 Kickstarter 并没有作为直接的资金托管和传输平台，从而一定程度上避免了此法律风险。

第四节　互联网金融门户

互联网金融门户是指专门用于提供金融产品、金融服务信息，汇聚、搜索、比较金融产品，并为金融产品的销售提供第三方服务的平台。它的核心就是"搜索+比价"的模式，采用金融产品垂直比价的方式，将各家金融机构的产品放在平台上，用户通过对比挑选合适的金融产品。互联网金融门户多元化创新发展，形成了提供高端理财投资服务和理财产品的第三方理财机构，提供理财产品咨询、比价、购买服务的理财门户网站等。这种模式不存在太多政策风险，因为其平台既不负责金融产品的实际销售，也不承担任何不良的风险，同时资金也完全不通过中间平台。

互联网金融门户最大的价值就在于它的渠道价值。如图 6-4 所示[44]，互联网金融分流了银行业、信托业、保险业的客户，加剧了上述行业的竞争。随着利率市场化的逐步到来和互联网金融时代的来临，对于资金的需求方来说，只要能够在一定的时间内，在可接受的成本范围内，具体的钱是来自工行也好、建行也罢，还是P2P平台、小贷公司，抑或是信托基金、私募债等，已经不是那么重要。在融360、好贷网或软交所科技金融超市上，用户甚至无须像在京东买实物手机似的，要逐一地浏览商品介绍及详细地比较参数、价格，而是更多地提出需求，反向进行搜索比较。因此，当融360、好贷网、软交所科技金融超市这些互联网金融渠道发展到一定阶段，拥有了一定的品牌影响力及积累了相当大的流量，成为互联网金融界的"京东"和"携程"的时候，就成了各大金融机构、小贷、信托、基金的重要渠道，掌握了互联网金融时代的互联网入口，引领着金融产品销售的风向标。

图6-4 互联网金融门户的渠道价值

根据相关互联网金融门户平台的服务内容及服务方式的不同，互联网金融门户可分为垂直搜索平台、第三方资讯平台以及在线金融超市三大类。垂直搜索平台是聚焦于相关金融产品的垂直搜索门户。所谓垂直搜索是指应用于某一个行业、专业的搜索引擎，是搜索引擎的延伸和应用细分化，对某类专业信息进行提取、整合以及处理后反馈给客户。客户在该类门户上可以快速地搜索到相关的金融产品信息。互联网金融垂直搜索平台通过提供信息的双向选择，从而有效地降低信息不对称程度，典型代表有融360、好贷网、安贷客、大家保以及国外的eHealthInsurance、Insurance Hotline等。第三方资讯平台是为客户提供全面、权威的金融行业数据及行业资讯的门户网站，典型代表有网贷之家、和讯网以及风贷天眼等。在线金融超市居于二者上游，在产业链中充当的是代理商角色。三者均为产业链下游客户服务，而处于三者上游的企业便是金融机构。

根据汇集的金融信息、金融产品的种类不同，互联网金融门户可被细分为P2P网贷类门户、信贷类门户、保险类门户、理财类门户以及综合类门户五个子类。其中，前四类互联网金融门户主要聚焦于单一类别的金融产品或信息，而第五类互联网金融门户则致力于金融产品、信息的多元化，汇聚不同种类的金融产品或信息。

上述两种分类方式并非互斥关系，仅是分类的依据和角度不同，前一种分类方式是从金融产品销售产业链的层面进行归类，后一种分类方式是从互联网金融门户经营产品种类的角度进行划分。

互联网金融门户有如下三个特点：

（1）搜索方便快捷，匹配快速精准

互联网金融门户打造了"搜索+比价"的金融产品在线搜索方式，即采用金融产品垂直搜索方式，将相关金融机构各类产品集纳到网站平台，客户通过对各类金融产品的价格、收益、特点等信息进行对比，自行挑选适合其自身需求的金融服务产品。

具体来看，从互联网纵向分层的角度上分析，搜索层是互联网金融门户的重要革新目标，它是对海量的金融产品信息进行挖掘、甄别、加工、提炼的过程和服务。互联网金融门户通过网络内容挖掘和网络结构挖掘，对各类金融产品信息等原始数据进行筛选和提炼，建立符合其经营产品类别的金融产品数据库，以便于客户对金融产品进行快速、精准的搜索比价。同时，互联网金融门户还可以通过网络数据挖掘，将客户在网络交互过程中的网络行为数据抽取出来，进行智能分析，以便更好地了解客户的需求倾向。

（2）顾客导向战略，注重用户体验

互联网金融门户的另一核心竞争优势是顾客导向型战略，即通过对市场进行细分来确定目标客户群，根据其特定需求提供相应服务。其宗旨是提升客户在交易过程中的用户体验度，通过产品种类的扩充和营销手段的创新，动态地适应客户需求。

从经济学角度分析，互联网金融门户注重用户体验的原因在于网络金融产品和服务具有规模经济的特性。具体来看，虽然互联网金融门户额外增加一个产品或提供一次服务的边际成本较低，而且随着门户规模的扩大，其平均成本会随着产品供给的增加而不断下降。但是，互联网金融门户获取规模经济的先决条件是掌握大量的客户资源。因此，顾客导向型战略可以使互联网金融门户根据客户的行为变化及信息反馈，及时了解客户实时需求，为其提供异化金融服务，甚至可以协助金融机构为其设计特定金融产品，更好地满足客户的特定需求，从而使互联网金融门户进一步扩大市场份额，赚取更多的利润。

（3）占据网络入口，凸显渠道价值

从产业链角度分析，互联网金融门户的上游为金融产品供应商，即传统金融机构，下游为客户，而作为中间桥梁的互联网金融门户，其最大的价值就在于它的渠道价值。渠道通常指水渠、沟渠，是水流的通道，被引入商业领域后，引申意为商品销售路线，是商品的流通路线，即为厂家的商品通过一定的社会网络或代理商而卖向不同的区域，以达到销售的目的。

第五节 互联网金融化的创新

近年来，随着世界经济持续低迷，我国金融业的发展遇到了各种各样的困难。目前，我国金融业仍然以银行为主，而银行的利润70%以上来自于息差，银行间的竞争很大程度上讲是存款与机构客户或大客户贷款的竞争，其发展水平与发达国家相比还显得很落后。

社会经济生活所面临的金融风险不断显现，至少表现在以下几个方面：

（1）大量资金流向政府融资

这使得政府举债持续走高，偿债能力不断下降。根据国家审计署在2013年发布的审计结果，截至2012年年底，36个地方政府本级政府性债务余额38 475.81亿元，比2010年增加4 409.81亿元，增长12.94%。从债务形成年度看，2010年及以前年度举债20 748.79亿元，占53.93%；2011年举债6307.40亿元，占2012年年底债务总金额的比例为16.3%；2012年举债11 419.62亿元，占29.68%。

（2）在经济不景气的大环境下，实体企业的经营受到了严重的冲击

多数企业的发展资金基本依赖银行的间接融资，短融长投现象十分普遍，这种单一且不合理的负债结构，使得企业缺乏应有的抗风险能力，而影响中小企业的生产和经营情况的关键问题就是融资。另一事实是，中小企业90%与银行信贷无关，但在国民经济中，这些中小企业提供了80%以上的就业，创造了60%以上的国内生产总值和50%以上的税收，然而给予中小企业的资金支持却和它们所做的贡献完全不成比例。

（3）受制于传统金融体系和投资环境

大量的民间资本因缺乏投资渠道，老百姓因缺少财产性收入来源，而将用于日常生活和养老的血汗钱，流入不受法律保护的民间借贷。轰动全国的浙江东阳吴英非法集资案和温州地下钱庄的活跃程度就足以说明问题。

由此可见，严峻复杂的经济形势催生了金融行业的创新。大力鼓励和发展金融创新，合法合规地拓展新型投融资渠道，无论是对政府、企业还是每一个国民，都已显得相当紧迫和重要，这不仅是一件关系到我国经济健康发展的大事，还将直接影响到社会和谐与稳定大局。

当前，依托互联网创新应运而生的金融产品如雨后春笋般层出不穷。2013年6月，阿里巴巴发布"余额宝"，上线2个月吸收200亿元资金。7月，新浪发布"微银行"，涉足理财市场。8月，腾讯微信5.0与"财付通"打通，加入了支付功能。做游戏的巨人网络新近推出"全额宝"，让玩家在游戏系统内沉淀的资金实现保值、增值……这些快捷的金融服务，为何在传统银行业里未曾见到？换句话说，互联网金融究竟凭什么能够提供这些价值创新服务？

大致上可以用三个理论来阐释互联网金融价值创新的本源：第一个是"长尾理论"；第二个是"产业融合理论"；第三个是"双边市场理论"。

首先，经济学基本规律告诉我们，需求决定供给，从这个意义上来讲，互联网金融是顺应市场需求的结果，只不过这些需求在传统银行业来看属于小众市场。

按照克里斯·安德逊（Chris Anderson）2004年的"长尾理论"，传统银行由于追求规模经济，总是将有限的资源集中在对利润贡献最大的业务领域，也就是销量品类平面图当中销售曲线的头部，通常叫作"畅销产品"，在银行业里具体表现为存贷和支付两大业务。而对于向小微企业贷款、小额理财、P2P、个人借贷担保等"尾部"业务，银行则无暇顾及，或者由于风险比较高而不愿意涉足。这就为互联网金融公司提供了利基市场空间。可以说，互联网金融是对传统金融机构的一个"补位"，在业务定位上是具有较大差异化的。

其次，由于这些小众的利基市场的空间分布较为分散，只有依靠柔性服务技术才能将多品种、小批量的碎片化需求聚集在一起，实现范围经济性。而互联网为这些价值创新提供了强大的技术支持。可以说互联网金融是互网产业和金融产业融合发展的必然结果。

克拉克·科尔（Clark Kerr）等学者在 20 世纪 60 年代提出的"产业融合理论"指出：产业融合一般要从技术融合开始，发展到产品或者说业务融合，再到市场的融合。今天我们已经意识到，银行的主要竞争对手不再是银行，而是来自互联网企业，这说明互联网产业与金融业的融合已经从技术融合发展到业务融合阶段。因此，互联网支付、网络贷款、在线理财等业务创新形态大有井喷之势。在此过程当中，出现了所谓的"金融脱媒"现象，即金融服务脱离传统银行媒介。用招商银行前行长马蔚华的话来说，主要就是资本脱媒和技术脱媒，这就对传统银行的主营业务板块产生了冲击。但是，只要银行以积极的姿态应对挑战，随着市场的深度融合，传统银行与互联网公司一定可以找准自己的角色定位，共同打造好"互联网金融产业生态圈"。互联网金融并不是要消灭实体银行，恰恰相反，它将有利于银行重新塑造自己的核心能力，最终提高我国银行业的国际竞争力。

最后，互联网金融价值创新的优势来源主要是平台经济性。我们知道，传统银行以资产和负债等自营业务为主，尽管最近几年"表外"的中间业务得到了快速发展，银行作为金融中介提供了一些代理服务，但是不可否认的事实是，银行的盈利来源仍然高度依赖于存贷利差，也就是差价模式。而随着利率市场化进程的推进，差价红利将逐渐丧失，单边市场交易模式的竞争力下降将不可逆转。这也是当前传统银行业转型发展面临的现实困境。

互联网金融企业则主要提供平台型的金融服务。按照罗切（Rochet）和梯若尔（Tirole）等学者近几年来发展形成的"双边市场理论"，一个双边或者多边的平台同时连接着双边或者多边的用户，为用户的交易提供平台服务，它的盈利模式主要是以交易佣金为主，而不是差价。互联网金融企业充分利用平台的集聚功能，促进双边用户规模的交互增长，并利用互联网技术为高度分散的供需双方进行配对交易提供便捷服务，对"尾部"需求的开发达到极致。总之，在平台经济条件下，供需双方进行直接交易，交易成本大大降低，匹配效率显著提高。

而近年来，随着电子商务产业的发展，某些巨头逐渐在其电商平台上形成了完整的产业生态圈，由此衍生出对金融服务的需求与机遇，从而产生出越来越多的电商金融方式，例如阿里巴巴、京东、eBay、苏宁、亚马逊等，依靠自己的电子商务平台开展各种金融服务继续参与第三方支付、小额信贷，基金公司也能够在电子商务平台销售自己的基金产品,这些都以一种全新的方式改变着以往的传统金融模式。目前,电子商务金融已经参与到第三方支付、小额信贷、信用卡支付、融资担保、网络保险、网络证券投资基金这六个重要金融业务内容中。

互联网信息技术在不断发展和进步,基于电子商务平台的网络金融这个新领域也是各类金融机构需要不断探索和突破的领域,在这个过程中电子商务平台上的金融创新尤为突出。其业务创新的表现在于:第一,重视个人金融信息服务。目前使用互联网的用户与日俱增,而其中绝大多数用户是零散的个人用户,电子商务平台上提供的金融产品和服务多是基于个人用户需求的多样化,其提供的产品呈现出精细化、个性化、定制化的特征。第二,加强关联业务发展。目前许多电商商务平台纷纷开始推出公共事业类金融服务,出于与用户生活息息相关的原因,这类关联性服务能更好地吸引用户的关注,增强用户黏性,从而具备很好的发展空间。第三,业务流程人性化。网站版面清晰,所有业务一目了然。用户在办理业务时能够轻松地根据界面操作提示完成整个流程,其中对于需要用户填写的资料能给予明确的指示,对操作步骤提供清晰的指导。这种人性化的流程能很好地提升用户体验和客户满意度。近年来电商企业依托其电商平台所设计的互联网金融业务在第三方支付、网络信贷、理财方面的创新显得尤为突出。

互联网金融化发展是机遇也隐藏着风险,法律的缺失和监管的缺位及网络平台的安全性均意味着如果不能很好地解决这些问题,电商金融甚至整个互联网金融的未来将充满挑战。因此,国家在互联网金融化发展趋势下要及时完善相关政策和监管措施,电商企业和平台要进一步深度挖掘客户需求,构建完善的安全保障体系。在金融机构内部要完善沟通机制,促进内部机制的创新。总体而言,基于电商平台的网络金融创新为中国金融的发展提供了全新的思路,若电商企业能把握优势,增强风险防范和抵御能力,打造更精细的金融服务和产品,在未来金融领域将会有更大的发展。

第七章
风险控制与产融结合的精准匹配

如第三章所述，由于影响产业结构调整的要素很多，这些要素之间有时又相互联结，即使彼此间是相互并列的关系，但并不代表彼此之间就是相互独立的。这给产业要素与金融要素间匹配的实施以及产业结构调整结果的综合评估带来了难度。过去在这一方面定性分析居多，专家决策居多，精准性差；或者虽有部分数学模型，但由于对前提条件的依赖，实用性差；问题的解决主要依赖于人的判断和决策。

如第四章、第五章所述，基于互联网、移动互联网形成的信息流与商品生产和商品流通相结合形成了一个虚拟化的数字空间。在信息化条件下，信用开始在这个数字虚拟空间中以数字化信息的形式进行存储和呈现。如第六章所述，信用的取得、金融风险的评估或者说业务可信度的评估也开始依赖于在数字虚拟空间中的数据基础上提炼的信息。

综上，通常所说的金融的风险控制从产融结合的角度看其实质是提高产业与金融要素间匹配的精准性，或者说金融的风险控制与产融结合的精准匹配具有统一性。

当今时代，以互联网、移动互联网、云计算等为代表的科技创新赋予了每一个联结的个体充分的参与能力，数字、虚拟社区的信息聚合已经开始出现实时金融业务信息汇总和信息处理的功能，在此过程中，信息的网络搜索与定向推送功能可以根据需要实现信息的点对点流动，物联网技术和移动智能终端把人和物联结在一起的同时也整合在一起。所有这一切联结和整合为改变传统金融业和实现金融创新提供了可能，因为金融业最重要的功能便是资源配置。而资源的精准配置离不开上述来源于科技创新的专业化的信息搜集和处理。如果说之前所讨论的信息流与金融结合的两种形式是一种狭义的互联网金融，那么对于广义互联网金融的理解，应该是从风险的交易和收益匹配这一金融的核心要素中，找到通过某种符合互联网精神的科技创新完全或部分替代传统金融机构和专业人士作用的方法和路径。科技创新是这种思想的具体实现形式。狭义的互联网金融是以互联网及其衍生技术为代表的科技创新影响或改变金融核心要素的一个具体实例，是通过科技创新实现金融创新的一个具体实例，是科技金融的一个具体实例。

科技金融通过信息流将产品流、资金流联系起来，在提高产业与金融要素间匹配的精准性以实现金融的风险控制方面具有独特的优势。

风险管理是指如何在有一定的风险的环境里，把项目或企业风险减至最低的管理过程。它的基本程序包括风险识别、风险估测、风险评价、风险控制和风险管理效果评价等环节。风险控制是风险管理的一个环节，是指风险管理者采取各种措施和方法，消除或降低风险事件发生的各种可能性，或者减少风险事件发生时造成的损失。

金融业是高风险行业，存在着汇率风险、利率风险、会计风险、市场风险、信用风险等诸多的金融风险。我国金融市场的逐步开放和外资金融机构的快速进入，加大了我国金融机构的经营风险，因此，目前国内金融控股企业、证券公司、投资银行与商业银行、资产管理公司、保险公司、各大型企业集团的财会与稽核部门纷纷加强了金融风险控制，形成了政府统筹管控、企业内部实施的两级管理体系。互联网金融机构，作为互联网金融的主体，将承担风险管控的重要任务。对于金融机构而言，主要可分为针对内部的管控风险和针对外部的信用风险。对内部而言，它需要更好地设计各种理财产品，更清晰地衡量收益和风险，进行更规范化的流程管控和更准确的市场动态识别；而对于外部而言，它需要对客户进行更为准确的信用评估，以期实现更好的风险管控。

第一节　常用信用风险管理战略及资本风险管理战略

鉴于风险管理对于金融资产管理的重要性，下面以银行这一金融体系中非常有代表的金融机构为例,对传统金融机构常用的信用风险管理战略进行介绍。

1. 常用风险管理战略

(1) 筛选和监控

筛选是银行将风险小的客户从市场中挑出来进行放款,为此银行都设定了一定的贷款门槛,而且必须充分掌握每一个借款人的可靠信息;监控则是指对借款人取得款项后的活动持续监督和控制。

(2) 贷款专业化

贷款专业化指银行集中于当地企业或某一个特定行业的企业发放贷款,以此提高信息鉴别能力。

从风险管理的角度来看,专业化有悖于分散化原则。但从另一个角度来看,贷款专业化又是非常有利的,因为这样可以利用专业化分工的好处。银行集中在某一特定的行业发放贷款,能更好地对行业内的各个企业进行比较分析,筛选出信用较好的企业。

(3) 与客户保持长期而密切的联系原则

银行可以与企业建立长期的信用关系来获得企业的相关信息,从而有利于银行加强对借款者的监控和信贷风险管理。这种方式能够减少银行信息收集成本、提高借款者的违约成本。

(4) 信用配给

指银行拒绝向贷款申请者提供全部或部分的贷款,使借款者的借款需求只能得到部分的满足,或根本就得不到满足。

(5) 补偿余额

指借款者必须在发放贷款的银行开立的账户上保留贷款总额某一个百分比的资金。补偿余额部分地发挥着抵押的功能,此外,它有助于银行对借款者进行监控。

(6) 首付要求

个人在向银行申请住房抵押贷款时,银行通常会要求一定比例的首付款。首付要求越高,弱化逆向选择和道德风险的功能就越强。首付要求还可以对借款者起到一种自动筛选的作用,没有一定收入的人因为无法支付必要的首付款,也就自然被排斥到了银行信贷市场之外。

(7) 抵押贷款

指借款者以一定的抵押品作为物品保证向银行取得的贷款。它是银行的一种放款形式。抵押品通常包括有价证券、国债券、各种股票、房地产、以及货物的提单、栈单或其他各种证明物品所有权的单据。贷款到期时，借款者必须如数归还，否则银行有权处理抵押品，作为一种补偿。

(8) 利用资产证券化化解信用风险

资产证券化，是指以基础资产未来所产生的现金流为偿付支持，通过结构化设计进行信用增级，在此基础上发行资产支持证券（Asset-backed Securities，ABS）的过程。在此过程中，特设信托机构对证券化资产进行一定风险分析后，会对一定的资产集合进行风险结构的重组，并通过额外的现金流来源对可预见的损失进行弥补，以降低可预见的信用风险，提高资产支持证券的信用等级。

2. 资本风险管理战略

除了信用风险管理和利率风险管理，还有一类风险管理是资本的风险管理。资本的风险管理是指金融机构如何保障以充足的资金应对风险。以银行业为例，为了强化国际银行系统的稳定性，消除因各国资本要求不同而产生的不公平竞争，1987年12月巴塞尔委员会通过了如何衡量和确定国际银行资本及监督标准的协议草案，并于1988年7月15日正式通过了《统一国际银行资本计量与资本标准的国际协议》（International Convergence of Capital Measurement and Capital Standards）。这就是著名的《巴塞尔协议》。《巴塞尔协议》为保证银行系统的稳定，提供了银行资本进行风险管理的策略。主要内容包括：

(1) 资本的组成

资本由一级资本（又称核心资本）和二级资本（又称附属资本）组成，其中核心资本在总资本中的比率不得低于50%。

(2) 风险权数系统

侧重点放在信用风险及信用风险中更深层面的国家转移风险。权数体系可归纳为两部分：一部分是资产负债表内的资产风险权数，分别设置0%、10%、20%、50%、100%五个权数。另一部分是资产负债表外项目，包括新的金融创新工具，将其本金数乘以信用转换系数，转换为表内业务量，再根据表内同等性质的项目进行加权,获得相应的信用风险等级。转换系数共设置 0、20%、50%、100% 四种。

即

表内资产的风险资产量 = ∑ 表内资产 × 相应的风险权数

表外资产的风险资产量 = ∑ 表外资产 × 信用转换系数 × 表内相对资产的风险权数

目标标准比率:《巴塞尔协议》衡量资本充足率的主要尺度是资本对加权风险资产的比率。

即

$$总资本充足率 = \frac{总资本}{加权风险资产} \geq 8\%$$

$$核心资本充足率 = \frac{核心资本}{加权风险资产} \geq 4\%$$

其中:

加权风险资产 = 表内资产的风险资产量 + 表外资产的风险资产量

在金融自由化浪潮冲击下,国际金融市场尤其是衍生金融工具市场迅猛发展,越来越多的商业银行突破传统业务的框架,致力于表外业务尤其是衍生金融工具业务的开拓。商业银行的市场经营风险相应增大,严重威胁到国际金融体系的安全和稳定。巴塞尔银行监管委员会于 1995 年 4 月再次发表了《结合市场风险的资本协议修正案》,作为《巴塞尔协议》的补充,简称《补充协议》。该《补充协议》针对银行经营中市场风险的资本充足率的监管计划,制定了一个风险测量框架:包括标准计量法和内部模型法。

该框架扩充了资本范围的定义,增加了满足一系列限制条件的由短期次级债务组成的三级资本。

在资本比率的计算中,将市场风险的测量值(资本保险金)乘以 12.5 (1÷0.08),加到信用风险方案中的加权风险资产中,而计算式的分子是原协议中的一级资本、二级资本与应付市场风险的三级资本的总和。

框架中的标准计量法将市场风险分解为利率风险、股票风险、外汇风险、商品风险和期权的价格风险,然后对各类风险分别进行计算并加总。

框架中的内部模型法基于银行内部 VaR（Value-at-Risk）模型的计量方法将借款人分为政府、银行、公司等多个类型,分别按照银行内部风险管理的计量模型来计算市场风险,然后根据风险权重的大小确定资本金的数量要求。

第二节 互联网金融风险分析

互联网金融在过去短短几年蓬勃发展起来,对相应的金融业务、金融行业、市场以及整个金融体系都带来了不同程度的影响。但是,其本质并没有摆脱金融原有的特征,更多是金融服务理念、思维、流程和业务的创新,它的核心还是金融,互联网只是围绕于核心的手段和方法。所以不管怎样界定互联网金融,互联网金融的健康发展应该还是要遵循金融业的一些基本规律和内在要求,核心还是风险管理。本质上,互联网金融是金融通过互联网技术在理念、思维、流程及业务等方面的延伸、升级与创新,从而具有金融和互联网的双重属性。因此,互联网金融和传统金融在运作的过程中具备相同的风险,并且还具备互联网固有的风险,同时也面临互联网技术的风险以及由于互联网金融的特殊性而具有的独特的风险。包括系统性风险、流动性风险、信用风险、技术风险、操作风险、市场风险、国别风险、法律风险和声誉风险等几个方面。互联网金融虽然是新的形式,但与传统金融一样,其能否长久发展最根本之处还是在于风险管理,风险管理做好了,互联网金融平台的实质也就做好了。以下针对这几样风险分别进行介绍[43,45]。

1. 系统性风险

系统性风险是指由单个或少数金融机构破产或巨额损失导致的整个金融系统崩溃的风险,以及对实体经济产生严重的负面效应的可能性。各种系统性风险一般是由经济波动或制度破产等突发事件而导致的一连串金融机构重大损失甚至破产以及金融市场价格的剧烈波动等恶性经济后果,甚至出现一系列的多米诺骨牌效应。

第七章 风险控制与产融结合的精准匹配

随着金融市场脱媒趋势的演进，融资方或着投资方不必通过银行、券商或其他金融中介进入货币市场或者资本市场来融资或者投资。在互联网金融时代，由于互联网金融可以提供更加便捷、物美价廉的金融服务，因此互联网金融企业在直接为投融资双方提供资金融通服务的同时，跟传统金融业一样也需要防范系统性风险。

随着信息技术的突飞猛进，金融工程得到了普遍应用。在金融全球化的背景下，互联网金融使得跨市交易、跨境交易、跨期交易其至监管套利等金融行为更加频繁。在互联网金融网络发展得越来越复杂的情况下，如果金融监管不到位，一旦有触发系统性风险的金融或者经济事件出现，因其蔓延特性和负外部性，更容易触发并传导给市场内的金融及经济机构，并迅速传播给与其有联系的机构，从而进一步扩大系统性风险的波及面。

系统性风险可以按照横向和纵向两个维度进行分析。从横向来看，互联网金融系统中的风险暴露和相互联系使得一个特定的冲击容易在金融网络中传播并演变成系统性风险。具体来说，即由于金融体系中的"合成谬误"问题（当一个机构遭受冲击而抛售资产时，整体市场能够有效抵御冲击，但当所有机构都集中抛售所持有资产时，整体市场将无法发挥低御冲击的作用），当整个金融体系遇到外部冲击时，因"羊群效应"的作用影响，极容易引发系统性风险。从纵向来看，系统性风险的纵向维度与经济周期密切相关，即由于金融机构和金融体系的脆弱性，风险会随着时间的推移而逐步建立并不断演进其至累积。由于金融体系和经济周期波动存在相互反馈机制，因此在一定程度上金融体系可以放大经济周期的波动，而经济周期的波动反过来也会恶化金融体系的稳定，形成系统性风险。

互联网金融增大了央行进行货币信贷调控的难度。一方面，互联网金融创新使得央行的传统货币政策中间目标面临一系列挑战。例如，虚拟货币（例如Q币）是否应该计入M1？再如，由于互联网金融企业不受法定存款准备金体系的约束，这实际上导致了货币乘数的放大。又如，如何来看待传统货币与虚拟货币之间的互动与转化？另一方面，互联网金融的发展也削弱了中央政府信贷政策的效果。例如，如果房地产开发商传统融资渠道被收紧，那么很可能会考虑到通过互联网金融来融资。事实上，最近一年来中国互联网理财产品的大发展的宏观背景就与中国政府收紧了对影子银行体系的监控，导致地方融资平台、房地产开发商等市场主体不得不寻找新的融资来源有关。

2. 流动性风险

流动性风险是指金融机构（如商业银行）无法提供足额资金来应付资产增加需求或履行到期债务的相关风险。流动性风险主要是由资产和负债的差额及期限的不匹配所引起的。从理财人的角度说就是投资者有时候会有急用钱的情况，从投资到变现到底有多方便？这就是流动性风险的问题。

期限错配风险是指互联网理财产品投资资产是期限较长的，而负债是期限很短的，一旦负债到期不能按时滚动，就可能发生流动性风险。当然，金融机构的一大功能就是将短期资金转化为长期资金，因此金融机构都会面临不同程度的期限错配，而其中的关键是错配的程度。既要允许随时赎回，还能给出8%的预期收益率，这当然令缺乏经验的投资者欢欣鼓舞，但也会令富有经验的投资者疑虑重重。传统商业银行尽管也面临期限错配风险，商业银行发行的理财产品也面临信用违约风险与期限错配风险，但与互联网金融相比的一个重要区别是，商业银行最终能够获得央行提供的最后贷款人支持。当然，这一支持是有很大代价的，例如商业银行必须缴纳20%的法定存款准备金、自有资本充足率必须高于8%、必须满足监管机构关于风险拨备与流动性比率的要求等。相比之下，互联网金融目前面临监管缺失的格局，因此运营成本较低，但如果缺乏最后贷款人保护，那么一旦互联网金融产品违约，最终谁来买单？互联网金融企业有能力构筑强大的自主性风险防御体系吗？这是互联网金融从流动性角度要重点考虑的问题。

融资规模不规范也加大了互联网金融的风险。比如P2P，一个项目的上线，往往采取一对多或者多对一的形式。由于形式不一，需要有不同的风险控制模式与之相匹配，才能保证投资者权益。然而，对于从互联网转型而来的企业来讲，这是其"短板"。

按照风险成因划分，流动性风险可以分为两类。一类是融资流动性风险，即为获取足够的资金履行其支付义务产生影响日常正常运作或基本财务状况的风险；另一类是市场流动性风险，即因市场原因导致出售资产或平仓时，可能遭遇市价大幅下跌，从而导致损失的风险。流动性风险因其具有不确定性强、冲击破坏力大等特点，被称为"商业银行最致命的风险"。由于金融机构追求高收益就表现在突出的高杠杆率的经营特点上，流动性风险的管理就成为商业银行持续经营管理的重要内容之一。特别是美国次贷风波以及后来引发的全球金融危机，再次警示了稳健的流动性风险管理和监管的重要性，与传统金融一样，互联网金融也面临如下几个方面的流动性风险的冲击。

（1）金融产品的复杂与创新

金融创新与金融衍生品的不断发展，使金融市场不断出现各种复杂的新兴金融产品，如信用违约掉期、总收益掉期、中介渠道融资和其他结构性产品。这些产品当中很多面世时间不长，缺乏历史数据，银行难以全面了解和评估其风险特性；结构复杂，信息披露和透明度较低，银行难以预测其未来的现金流，并且由于与其他金融产品具有较高相关性，表外业务和嵌入式期权会加剧这种风险；交易欠活跃，价格波动性强，流动性风险高；一般都有高杠杆率，对银行资金头寸的影响和风险暴露往往具有放大效应。

（2）融资渠道的改变

由于近年来的理财产品的兴起，银行存款大量流失，动摇了其零售存款业务的根基，增大了波动性，改变了期限结构，许多银行开始转向资本市场寻求新的融资渠道和方式。在这一背景下，全球商业银行的资金来源更加依赖批发市场工具，如商业票据、可交易存单及其他货币市场产品，更加依赖同业拆借市场。相对于零售存款，资本市场产品更易受到风险事件传染的影响，波动性更高，周期性更强。

（3）支付系统的发展与变革

实时全额清算系统、证券交易和交割结算系统、外汇交易的连续联结清算系统等更为快捷和先进的支付和结算系统的发展，以及共同对手方的广泛应用，降低了同业拆借带来的信用风险，但同时对抵押品及支付时间提出了更高的要求，进而增加了银行当日流动性风险管理的压力。

（4）资产证券化发展的影响

在资产证券化模式下，商业银行采用发起销售的新业务模式，通过资产证券化，将流动性比较差的资产进行打包出售，从而扩大批发市场的融资渠道，缓解资产负债表的压力。资产证券化同时也存在一些弊端，例如完成交易的时间较长，不能短时间内解决流动性问题，部分资产证券化产品还增加了银行的流动性风险。我国从2013年下半年开始扩大试点资产证券化范围，在互联网金融模式逐步发展的过程中，资产证券化发展对于互联网金融的流动性风险提出了挑战。

（5）跨境业务发展

受 2009 年以来的欧债危机的冲击，相关受影响国家的银行业危机、主权债务危机、经济危机及政治危机交织在一起。大量跨境交易还可能导致流动性问题在其他市场和清算系统间蔓延。实施流动性风险集中管理的银行可能选择外汇掉期或抵押品跨境转移的途径，从其他国家获取资金。但在现实操作中，资产的转移往往需要时间或受到诸多限制，而外汇掉期市场的流动性也难以预测，特别是在压力市场条件下，各国监管机构都会要求在本国运营的银行保持充足的流动性，以维护本国金融体系的利益，这会使得包括互联网金融在内的金融机构无法及时从境外获得资金。

3. 信用风险

信用风险一般是指借款人或交易对手违约而导致损失的可能性。或者说信用风险就是预期未能实现的可能，即交易一方违约而无法履行合同义务时给另一方造成损失的概率，是金融市场中最为重要的风险之一。

信用风险可以说是金融市场最古老也是非常重要的一类风险。如果将信用定义为在某一限定的时间内可获得一笔钱的预期，那么，信用风险就是在这一预期未能实现的可能性，也即交易一方违约而无法履行合同义务时给另一方造成损失的概率。

在我国金融实行分业经营，利率尚未完全市场化，存贷款利差收入仍是商业银行主要收入来源的情况下，信用风险是我国商业银行面临的主要风险。对信用风险的准确度量和有效管理，即是商业银行进行贷款甄别、定价，提高风险识别、评估、预警能力，从源头上降低不良资产的关键，也是监管当局进行风险性监管的基础。互联网金融的核心是风险管理，而信用报告和信用体系更是风险管理的核心，我国的征信体系不健全，是制约我国互联网金融发展的一条软肋。不进入征信系统，没法制约借款人，从而也会导致平台坏账率上升。

互联网金融企业所面临的信用风险与传统金融机构一致，都可能会面临借款人不按期还款或者不还款的违约风险，即互联网理财产品能否实现其承诺的投资收益率。以我国小额信贷行业为例，民间金融服务机构的发展方兴未艾，但由于我国个人征信服务体系建设还不完善，出现了借款人多重负债、拖欠还款和逃废债务等信用风险问题。此外，有些小额信贷产品的预期收益率高达8%甚至更多，这就不由得提出一个问题，其最终投资的基础资产是什么？在全球经济增长低迷、中国经济潜在增速下降、国内制造业普遍产能过剩、国内服务业开放不足、影子银行体系风险逐渐显现的背景下，如何实现8%的高收益？除了给企业做过桥贷款以及给房地产开发商与地方融资平台融资外，还有哪些高收益率的投资渠道？

由于互联网金融减少了借贷双方的接触，加大了信息的不对称性，所以面临着更大的信用风险。如P2P网络借贷，在不单纯提供信息服务的P2P网络借贷模式当中，P2P平台方对借款业务介入更深，或者以各种方式提供增信服务，信用风险就是其要防范的第一风险。因此必须快速推进征信体系的建设。互联网金融的发展对风险管理提出了更高的要求，同时也对征信机构的产品及技术创新提出了更高的要求。

互联网金融发展过程中也存在着个人信用信息被滥用的风险。首先，由互联网金融企业通过数据挖掘与数据分析，获得个人与企业的信用信息，并将之用于信用评级的主要依据，此举是否合理合法？其次，通过上述渠道获得的信息，能否真正全面准确地衡量被评级主体的信用风险，这里面是否存在着选择性偏误与系统性偏差？

另外，在互联网金融行业谁来验证最终借款人提供资料的真实性？有无独立第三方能够对此进行风险管控？如何防范互联网金融企业自身的监守自盗行为？毕竟，有关调查显示，目前在互联网P2P类公司中，有专业的风险控制团队的仅占两成左右。在这方面，引进第三方律师事务所对投资平台上所有项目进行全程调查跟踪和监督，最终根据律所的调查结果出具真实合法的法律意见书，进而保障平台上所展示债权的真实性是一种目前正在被探索的途径。

征信体系的不完备也制约着互联网金融的发展。虽然央行征信系统不断完善，但是新生的互联网金融还难以与央行征信系统对接。此外，当前从事互联网金融行业的人员大多从互联网行业转入，金融人才较为匮乏。互联网金融企业征信体系的不完善，蕴含了大量的风险，难以保护中小投资者的利益。P2P平台老板"跑路"频频，让互联网金融企业开始认识到完善征信系统的重要性，把好第一道风险关至关重要。

从理论上讲，欺诈风险可以通过很好的尽职调查来避免，这种风险是正规的P2P平台都基本可以避免的。

4. 技术性风险

互联网金融的技术风险主要表现在三个方面。一是计算机系统、认证系统或者互联网金融软件存在缺陷。所谓"道高一尺，魔高一丈"，如果互联网金融软件没有足够的防火墙和防御体系，比较容易被病毒和其他不法分子所攻击而造成技术性风险。此外，计算机硬件也容易受自然灾害和人为破坏，软件和数据信息易受计算机病毒的侵扰以及非授权用户的复制、篡改和毁坏。二是伪造交易客户身份。虽然互联网软件和硬件足够强大，但互联网金融时代突出的特点就是计算机硬件和软件技术处在不断发展变化过程中的，尤其是当互联网金融面临伪造者的技术性风险时，即攻击者盗用合法用户身份信息，以假冒的身份交易，实施金融欺诈。如果客户身份信息在客户操作使用环节或通过互联网传输时安全保密措施不力，或身份认证体系存在安全漏洞，可能导致不法分子伪造身份进入系统进行金融欺诈或恶意攻击。三是未经授权的访问。互联网金融的技术性风险还包括未经授权的访问。这主要是指黑客和病毒程序对网上银行的攻击，特别是目前对网上银行的木马程序、密码嗅探程序等病毒不断翻新，通过盗取客户资料，直接威胁网银安全。

值得注意的是，互联网金融与普通互联网平台的技术性风险存在差异，在目前互联网金融一些模式进入门槛较低、技术安全保证有限的情况下，如何保障、防范技术性风险就显得尤为重要。与传统商业银行有着独立性很强的通信网络不同，互联网金融企业处于开放式的网络通信系统中，TCP/IP协议自身的安全性面临较大质疑，而当前的密钥管理与加密技术也不完善，这就导致互联网金融体系很容易遭受计算机病毒以及网络黑客的攻击。目前由于互联网金融账户被盗风险较大，阻碍了不少人参与互联网金融。因此，互联网企业必须对自身的交易系统、数据系统等进行持续的高投入以保障安全，而这无疑会加大互联网金融企业的运行成本，削弱其相对于传统金融行业的成本优势。综上所述，既然中国互联网金融企业在起步阶段就面临如此之多的风险，那么是否就应该以此为由放慢甚至扼杀这一宝贵的金融创新呢？答案自然是否定的。有关各方应该在充分考虑潜在风险的基础上，推动互联网金融的稳步、可持续发展。

5. 操作性风险

以第三方支付、P2P、众筹、信息化金融为代表的互联网金融以其方便快捷、跨时空、低成本、全能化经营等特点，受到广泛欢迎并得以迅速发展。高速发展的互联网金融在促进金融业经营转型和服务创新的财时，也可能会衍生出一系列操作风险。操作风险是指由于操作不当或失败的内部流程、人员缺陷、系统缺陷或因外部事件导致直接或间接损失的可能性。高速发展的互联网金融在促进金融业经营转型和服务创新的过程中，容易衍生出一系统操作性风险。这些风险因涉及面广、可控性小、关联性强，是当前我国互联网金融面临的主要风险。按照风险来源的不同，操作风险可以分为如下三种：

(1) 内部操作风险

银行的网上银行业务目前处于普遍的精放式管理阶段，在组织保障、内部审计和管理、绩效考评机制以及审计监管等方面仍存在诸多问题，引发了内部操作风险。

(2) 第三方风险

第三方风险主要分为服务提供商风险和互联网金融机构与银行信息技术外包风险。服务提供商作为银行与客户实施电子交易的重要渠道，对网上银行的发展起着举足轻重的作用。在我国电子商务发展的初级阶段，服务商渠道也是操作风险的易发地。由于服务提供商水平参差不齐、系统保障投入不够、安全意识淡薄，或可能缺少相应的服务和安全技能培训，导致网上银行交易中存在诸多安全漏洞。而对于接受银行信息技术系统全部或部分外包的专业的信息技术服务提供商，其对于银行来说虽然有降低成本、获得专业技术支持、拓展服务渠道、提高客户服务水平等优势，但是如果管理和控制不到位，就会容易引发 IT 外包风险，比如 IT 外包商盗用银行的名义开展业务，违反保密协议泄露信息等。

(3) 客户操作风险

由于网上支付多采用 B2B、B2C 的形式，若信息的加密技术不高，用户操作安全性则得不到有效保障。首先，对于客户的个人资料、网银密码、交易记录等私人信息，存在被不法分子截获的风险。其次，由于对客户身份真实性的辨别存在一定困难，即使出现他人利用客户信息进行交易操作的情形，银行也较难判断。最后，新兴的网络诈骗手段让客户在操作时防不胜防。最典型的例子就是近几年频繁出现的"钓鱼"网站，不法分子伪造出与网银交易时相同的界面，诱骗客户按照提示操作，造成客户的经济损失及个人信息的泄露。

6. 市场风险

市场风险是指因市场价格包括利率、汇率、股票价格和商品价格等的不利变动而使金融机构业务发生损失的风险。市场风险可以分为利率风险、外汇风险、股票价格风险和商品价格风险等。市场风险与金融市场本身的成熟程度相关，市场越成熟，市场风险就越小。市场风险一旦大规模发生，不仅给投资者带来的极大的损失和伤害，而且给整个金融市场带来灾难性的破坏。广大投资者很难进行市场风险的管理，必须通过政府规范市场，打击恶意操纵市场的各种违规行为，进行综合治理，使市场在公开、公平、有序的条件下进行。比如同样的公司借了款买了车，但由于油价上升让它没有赚到预想的利润，这叫市场风险，比较大的市场化风险就是金融危机，比较小的市场风险就像钢铁贸易、能源等一系列区域市场的风险。

7. 国别风险

对于互联网金融的国别风险，中国银监会早在2010年下发的《银行业金融机构国别风险管理指引》中对国别风险给出了定义。国别风险是指由于某一国家或地区经济、政治、社会变化及事件，导致该国家或地区借款人或债务人没有能力或者拒绝偿付银行业金融机构债务，或使银行业金融机构在该国家或地区的商业存在遭受损失，或使银行业金融机构遭受其他损失的风险。

国别风险具有以下特点：

（1）国别风险有别于一般的境外风险

一般的境外信用风险、市场风险和操作风险可能来自某一个境外交易对手，而国别风险则来自某一个国家或地区。金融机构在开展授信、国际资本市场业务、设立境外机构、从事代理行为和由境外服务提供商提供的外包服务等经营活动时，其客户或交易对手可能居住于某个国家或地区，这个国家或地区的经济、政治、社会变化及其他可能导致银行受到损失的任何事件，都应被视为国别风险。

（2）国别风险的诱因复杂多样性且与其他风险交织

国别风险的源头包括政治、经济和社会等全方位因素，既有可能来自主权政府违约（面对主权债务危机或者政府拒付债务），又有可能来自宏观经济变化（通货膨胀、宏观调控、结构调整、经济衰退），还有可能来自政治社会状况的变化（社会动荡、资产国有化或被征用），或者来自自然环境的变化（地震、海啸等不可抗力的影响）。国别风险的诱因比较多样而且复杂，并且随着国际局势的变化而变化。国别风险往往还与其他风险交织在一起。国别风险与其他各类风险不是简单的并列关系，而是一种紧密的交叉关系。一旦发生国别风险，结果往往是产生信用风险、市场风险和操作性风险等传统风险。

（3）国别风险敞口难以精确计量

由于国别风险的成因较多，所以对于国别风险的精确计量就显得尤为困难，主要包括政治、财政和经济第三方面因素。

8. 法律风险

我国目前互联网金融发展得如火如荼，这一方面表明我国金融创新力度之大，另一方面也在一定程序上说明了在利率市场化、资产证券化以及流动性偏紧的宏观调控背景下，由于传统金融服务尚不能满足大众需求，互联网金融得以快速发展。这同时提醒我们，我国互联网金融发展首先要关注宏观及金融政策以及法律制度，防范政策和法律风险，在发展互联网金融的同时避免踩到红线。

目前互联网金融行业部分互联网金融产品（尤其是理财产品）游走于合法与非法之间的灰色区域，稍有不慎就可能触碰到"非法吸收公众存款"或"非法集资"的高压线。例如，湖北省的天力贷在运行半年后被挤兑、停止运转后，就是被以非法吸收公众存款罪而立案的。由于缺乏门槛与标准，导致当前中国互联网金融领域鱼龙混杂，从业者心态浮躁、一拥而上，一旦形成互联网金融泡沫，并出现较大幅度违约的格局，就很容易导致政府部门过早收紧对互联网金融的控制，从而抑制行业的可持续发展。

9. 声誉风险

互联网金融的声誉风险需要风控。由于互联网技术特点，决定了互联网金融的技术问题或者信用问题以及其他风险问题一旦出现就容易在互联网迅速传播。如果发生了声誉风险，互联网上相关声誉风险将会更快、更便捷、更大范围地进行传播，对机构产生根本性的伤害及颠覆。声誉风险主要可能发生在电子货币发行机构。当电子货币系统出现功能失常、安全失当、假币充斥而又不能很好地及时解决这些问题及不利的新闻报道都会影响发行机构的声誉。电子货币系统容易遭受黑客的恶意或非恶意攻击，一旦遭受攻击就会严重影响客户对这一电子货币的接受程度。电子货币只能依赖于加密、数字签名等手段而无法通过物理方式加以防伪。只要关键技术和数据被掌握，伪造起来极其容易。假币的大量出现将会带来系统和发行机构带来重大损失从而威胁到发行机构的金融稳定性。消费者的信用卡号和密码等身份数据可能会被盗用，从而引发财产损失和透支等责任纠纷。在现代科技迅速发展的今天，假币和欺诈的出现难以避免。如果电子货币系统没有识别假币和欺诈及其他安全措施，就不能防范这些声誉风险，进而形成整个互联网金融中的电子货币的声誉危机。

互联网金融刚刚起步，虽然要防范风险，但也不要惧怕风险。只要我们先知道风险在哪里，并且进行提示、披露和设计风险的熔断、控制机制，风险并不可怕。目前，我国互联网金融发展已初现格局，整个行业会越来越良性发展。而随着行业逐渐成熟，格局更加明朗，利用互联网平台优势，互联网金融肯定会慢慢发展普惠金融（大众金融）。互联网金融只要风控到位，做到实处，那么必然会改变我们的生活，也更好地服务于我们的生活。

第三节　互联网金融风险控制方法

互联网金融的风险控制很大程度上依赖于经营环境，而这有赖于个人信用制度的建立、管理和完善，个人信用制度的建设直接影响到互联网金融业务是否能健康地发展。个人信用制度的建设及其管理是非常重要的基础工作，为此美国出台了《公平信用报告法案》（Fair Credit Reporting Act，FCRA）和《公平信用机会法案》（Equal Credit Opportunity Act，ECOA），对消费信用进行明确的法律规定。银行个人信用风险管理流程包括分析、决策、定价、贷款监控、清收、流程控制等具体风控制度。美国的个人信用制度建设得早且体系健全完善，以其信用局为中心形成了一个巨大的产业并且建立了覆盖全国及海外的分支机构。目前美国有 Equifax、ExPerian 和 Trans Union 三家全国信用局，三者呈鼎立之势，联合全美 1000 多家地方信用局，收集美国超过 1.8 亿成年人的信用资料，每年出售 6 亿多份消费者信用报告，每月进行 20 多亿信用数据的处理工作。这些信用机构是美国的私营企业，并把业务扩展到加拿大以及欧洲和南美的国家。信用局有偿提供信用报告，这些信用报告的内容主要包括个人识别信息,如个人破产记录、法院诉讼判决记录、税务扣押记录和财产判决记录;个人信用信息如每个信用账户的开始日期,信用额度和贷款数量、余额,每月偿还额以及过去7年的贷款偿还情况;查询记录,包括查询人的名字以及查询目的。

互联网金融的风险如同影子银行一般具有一定的隐蔽性,而且暂时处于监管之外,互联网金融企业和使用互联网金融服务的个人都需要重视风险控制与管理。在互联网金融的风险控制中,除了传统的金融风险控制手段外,还有最为先进的互联网技术手段。近年来,银行业金融机构在为小微企业提供服务的同时,不断完善风险控制体系,创新风险管理技术,提升小微企业贷款业务的质量和效益。其创新主要有三点:一是完善风险控制体系。一方面设计各岗分离的小微企业信贷流程,同时运用科技手段全流程控制信贷风险;另一方面完善小企业业务条线风险管理组织架构,通过设立风险管理委员会、风险总监、风险官和风险经理,实现对小微企业金融业务风险的多级监控。二是创新风险管控技术。引入发达国家微贷技术中的信息交叉检验方法,实现企业非财务信息内部、财务信息内部、非财务信息与财务信息间的多重逻辑验证。三是加强小微企业贷款风险分类和不良贷款处置。针对小微企业贷款制定差异化资产质量分类办法,并制定不良贷款处理专项政策,对满足核销条件的小微企业不良贷款建立快速核销通道,加快核销频率和进度[45]。

一、互联网金融常见风险控制方法

1. 系统性风险控制方法

传统上,系统性风险的控制大多集中于防范银行等金融机构的破产上。大萧条导致美国万余家银行破产倒闭,美国的银行通过联邦存款保险公司存款以减轻储户对银行取款违约的担忧,进而防止出现银行挤兑。同样,资本充足率要求银行持有最低标准的资本,旨在限制银行承担过度风险并且缓解金融危机。金融危机以来,《巴塞尔协议Ⅱ》明确了一套建立在监管三大支柱之首——银行风险敞口之上的资本维持要求体系。《新巴塞尔资本协议》将信用风险、操作风险和市场风险作为影响资本充足率要求的三个方面,其意义在于其要求更大的透明度，以及采用最先进的能使银行更安全和更有收益的风险控制方法。这些风控和防范体系也在不断改进和提高，《巴塞尔协议Ⅲ》进一步提高了银行资本充足率，并专门规定了风险资本充足率。一些经济学家认为防止银行破产的规定可能导致道德风险，比如在美国金融危机中出现了"大而不能倒"。银行若知道出现突现挤兑还有安全网保护之后，可能会扩大风险敞口并减少其资本比例。当储户从资不抵债的银行提款时，联邦存款保险公司存款保险安全网的出现使得"那个重要的本来能够自动淘汰和解决问题银行的机制"有可能失效。存款保险机制还使得资不抵债的银行可以继续运营并继续制造损失，限制银行借款可能使资金迂回引导到那些不受约束的贷款人手上，资本要求还可能会削弱银行提升股本权益的能力。

历史上系统性风险多数都只关注银行业，而现代系统性风险则包括互联网金融在内的更多非银行金融机构和金融市场的各个方面。为防范欧债危机对美国的影响，美联储试图通过调低贴现率降低本次危机影响其他金融市场的可能性，贴现率指银行因短期缺少资金向美联储借贷而支付的利率。欧洲央行和其他央行也采取了类似降低贴现率的措施。这些举措是直接作用于银行而非金融市场。各国的货币政策比如降息可能无法平息恐慌、价格下跌及系统崩溃等。

事前监管和预防以降低系统崩溃的风险可能是更适合互联网金融的控制方法，另外，事后减轻系统崩溃传播及其后果的方法也是互联网防范系统性风险的重要方法。

（1）避免恐慌

比较理想的风控和监管方法是从源头上消除系统崩盘的风险。由于恐慌往往会触发连锁破产，理论上只需通过预防金融恐慌即可达到目的。经济学家称为"货币学派"的方法，即将系统性风险等同于产生于货币紧缩的银行恐慌。21世纪的美国金融危机和欧债危机都无不证明了在银行体系之外，恐慌照样能引起市场破产。正如系统性市场崩溃一样，当交易对手争先恐后试图清仓时，资产或金融产品的价格将急速下跌以致更多的市场无法运营，而这一切又导致了投资者丧失信心并造成恶性循环。采取避免恐慌的监管措施有助于市场稳定，监管可以适时通过对资本市场的关闭设定条件，并补充流动性使其继续运营，以阻断一个或更多市场停止运行而触发的恶性循环。

第七章　风险控制与产融结合的精准匹配

(2) 完善信息披露制度

防范和化解金融风险，保障金融安全，就要加强金融监管，将金融活动纳入规范化、法治化轨道，而信息披露则是金融监管的主导性制度安排。信息披露也可以称为"信息公开"，在资本市场的公开原则下，是指金融机构及上市公司等依照法律的规定，将与其经营有关的重大信息予以公开的一种法律制度。信息披露制度受到各国金融立法的重视，成为各国金融监管的重要制度。从经济学上来考虑，在信息化的时代，有效的信息披露能为经营者和购买者提供充分的信息，有利于形成正确的投资决策，有利于提高资本市场的效率，优化金融资源配置，使价值规律在更大的范围内充分发挥作用。而从法律的角度来讲，信息披露制度能有力地防止由于信息不对称、错误等导致的不平等现象，防止信息垄断和信息优势导致的不公平。

信息披露是可行的预防系统性风险的方法。披露风险信息是传统上主要的市场监管机制。信息披露通过降低或消除市场参与者之间的信息不对称，可让所有市场参与者消除风险。因此，一个信息充分披露的环境是可以将金融恐慌最小化的，因为投资者会把所有的风险计入定价。而在互联网金融的风控上，一方面由于其本身的性质决定了互联网金融容易实现信息对称和信息披露；另一方面如果监管者将互联网金融划归影子银行系统，则为了增强互联网的透明度及减少风险的隐蔽性，需要进一步加强信息披露制度建设。

信息披露的功效还受到交易和市场不断增加的复杂性的限制。适度的信息披露是必要的，但强加额外的信息披露标准可能会产生反作用，并导致市场参与者改变其行为，交易者可能越发慎重，在达成交易前要求价格一再调整，因而最终会降低市场的流动性。

(3) 有金融风险敞口限制

多数大型机构破产而引发的违约事件足以使其他高杠杆投资者坐立不安，并提高市场系统崩溃的可能性。这引出了一种监管方法，那便是对机构间的金融敞口进行限制。金融敞口限制可以实质上减少特定合同相对方的损失，并降低因该损失导致破产的可能性，从而通过分散风险增强金融稳定性。这个限制同样可能降低交易双方结清头寸时的紧迫感和恐慌感。此类方法通过限制贷款的方式已经应用于银行业，其严格限制了银行对某个特定顾客的最高风险敞口。随着互联网金融的发展，"银行与非银行金融机构之间界限日趋模糊"及巨额金融资产在非银行金融机构间流通，这种限制方法应用有必要扩大至互联网金融等其他金融机构。有证据显示非银行金融机构已经采用了与银行同样的风控措施。

(4) 降低金融机构的杠杆率

降低金融机构的杠杆率与系统性风险是有关系的，它不仅降低了一个金融机构最先破产的风险，而且还降低了由此可能引发的多米诺骨牌效应。如果没有杠杆，金融机构只能线性地等额承担损失，不会发生债务违约。在其他情况相同的条件下，杠杆率越低金融机构无法履行到期债务的可能性就越小。而高杠杆率则可能导致机构承受与其规模和杠杆率不匹配的损失，急速恶化的履约能力。债务违约很可能导致机构破产，此外因为这些机构无法履行其他机构的债务，还可能导致潜在的一系列违约。

因此，降低杠杆率主要起预防作用，旨在减少风险并减轻系统性崩溃的扩散和后果。降低杠杆率也能强有力地促进金融稳定目标的实现。当然，降低杠杆率可能会产生巨大的成本。但有些杠杆还是有益的，只是还没得到一个适用于任何企业的最佳杠杆倍数。正如上文所讨论的《巴塞尔协议Ⅱ》对于资本充足率规定上的复杂性，尝试探索最佳杠杆率的监管也是微妙且极其复杂的。这些旨在降低银行杠杆率的标准要求银行持有最低量的资本以抵抗其资产风险。然而，对杠杆率进行细致入微的规定则可能损害企业运营能力，并妨碍经济增长。

(5) 加强立法监管

政府相关部门需要加强监管。目前我国的互联网金融还处在初级阶段，即使监管部门得以确定，如P2P类金融平台受银监会监管，但缺乏相关行业法律条文来约束该行业，所以国家要针对形势尽快制定相对应的法律条文以规范行业。提高互联网平台入门门槛，不是随便几万块就可以成立一家互联网金融公司，政府机构对企业运营资金、系统安全技术上严格把关。除了要立法新政，还要修改或者废除一些有碍互联网金融发展的陈旧法律条款。只有政府部门做好了适当的监管，做到有法可寻、有法可依，互联网金融才能茁壮成长。

(6) 加强金融市场或者金融机构自律

对系统性风险的监管方法不一定是事先规定的，在市场环境下实际上也无法事先确定。比如很多银行的"监管规则"被认为是市场自身要求所产生的，因为市场内生规则使得监管成本最小化，因此是有效率的。尽管从理论上看，完美市场可能不需要外部监管，但现实中金融市场不会完美。采用市场自律方式，监管者的工作就是确保市场参与者按照能使市场有效运作所要求的谨慎标准行事。这些通常可通过确保市场参与者能够获得关于风险的充分信息和激励机制来实现。

市场自律是低成本、预防性的监管方法，但是市场自律在促进金融稳定方面的作用并不大，因为仅通过市场自律难以防范系统性风险；美国银行业和证券经纪业很大程度上采取了自律监管方法，监管者也采取了一些混合的监管记录以保证参与者遵守市场自律。比如直至次贷危机之前，竞争激烈的银行金融机构一直在发放越来越多的不订立金融契约的贷款，而投资者需要缴付的风险保证金却显著降低。因此，尽管市场自律作为其他监管方法的补充有一定的吸引力，但是若将其作为唯一的甚至主要的监管机制还是值得商榷的。

进一步，行业内应设置有"实质"的风控措施。比如现阶段我国的征信系统尚不完善，为了更好地保护投资人的利益，P2P平台应对融资方提供的抵押物采用稳健的估值，贷款额一般不超过抵押物估值的70%，这要求投资平台在线下对借款人抵押物的真实性实施前期调查并做出价值评估，同时与独立的第三方会计师事务所、公证处、律师事务所、融资性担保公司、拍卖行为投资方提供严谨、全面的法律和后续管理服务，第三方律所根据调查的结果出具真实合法的法律意见书，确保项目的真实性和无本质性的风险，把坏账扼杀于摇篮之中。同时准备相应的"风险准备金"，即从每笔借款中计提一定比例（一般为2%~3%）作为风险准备金。若出现坏账，则先用平台准备的风险准备金垫付，再去催收。投资平台上所有的产品必须是无资金期限错配的单一项目，进而确保平台项目无系统性风险；借款人一旦出现逾期现象，基础债权人通过投资平台无条件赔付投资人所有本金及利息，保障平台上债权的流动性和风险可控性。若坏账高于风险准备金时，则会暂停垫付。因此在投资人没有抵押物做保障的时候，只依靠风险准备金作为本息保障的承诺隐藏一定的风险。

2. 信用风险度量模型类别及分析

目前国际上运用较多的现代信用风险度量模型主要有 KMV 公司的 KMV 模型、摩根公司的信用度量技术模型、麦肯锡公司的宏观模拟模型、瑞士信贷银行的信用风险附加法模型等。在《新巴塞尔资本协议》实施的背景下，对这些模型进行适用性分析，对加强风险管理具有重大意义[45]。

(1) KMV 模型

KMV 模型是由 KMV 公司利用默顿的期权定价理论开发的预测模型。模型的核心分析工具是预期违约频率（Expected Default Frequency，EDF），其原理是银行贷款相当于向债务人卖出一个看跌期权，当企业资产的市场价值超过企业负债时，企业有动力偿还贷款；当企业的市场价值低于债务时，企业会行使期权，选择违约。KMV 模型根据借款公司的股票价格波动计算 EDF，通过 EDF 来计算违约损失额（Loss Given Default，LGD）。

KMV 模型是一个动态模型，将借款公司的股价信息转换成信用信息，对借款公司质量的变化比较敏感，同时市场信息也反映在模型当中，具有一定的前瞻性，模型的预测能力强。KMV 模型在实际运用中的不足有：一是着重于违约预测，忽视了企业信用等级的变化，只适用于评估与企业资产价值直接联系的信贷资产（基本上只是信贷）的风险。二是该模型适用于上市公司的信用风险评估，由于我国的股市并不是一个有效的市场，上市公司的股票价格常常背离公司的实际价值，企业资产价值特别是国有企业的资产价值并不能够完全反映到股票市值中，从而影响了模型预测的精确性。但是，该模型可以运用到对跨国集团信贷资产的风险管理上，跨国企业的信贷资产很大部分以其母公司为担保人，而其母公司所在国家的股票市场是比较成熟有效的。三是模型基于资产价值服从正态分布的假设和实际不相符，模型不能够对长期债务的不同类型进行区分。

(2) 信用度量技术模型

信用度量技术模型由 JP 摩根公司主持开发，模型的核心思想是组合价值的变化受债务人违约的影响，还会受到债务人信用等级转移的影响。该模型通过求解信贷资产在信用品质变迁影响下的价值分布，计算信用风险的 VaR 值，即在给定的置信区间上、在给定的时间段内，信贷资产可能发生的最大价值损失。

该模型属于盯市类时间测量法（Methods-Time-Measurement，MTM）模型，并据此计算信用风险的 VaR 值；首次将组合管理理念引入信用风险管理领域，适用于商业信用、债券、贷款、贷款承诺、信用证及市场工具（互换、远期等）信贷资产组合的风险计量。局限在于以下几点：一是该模型对信用风险的评判很大程度上依赖于借款人信用等级的变化，在我国现有的信用环境下，出现大量损失的概率可能较高。二是模型假设信用等级转移概率是一个稳定的马尔可夫过程，而实际中信用等级转移与过去转移结果之间有很高的相关性。三是该模型假设无风险利率是事先决定的，我国债券市场尚不发达，还没有形成合理的基础利率，而基础利率是计算贷款现值的重要因素。四是我国目前还没有比较客观、权威的信用评级公司，没有现成的企业信用等级转换概率和不同信用等级企业违约回收率数据资料。在商业银行的历史贷款资料库中，某一信用级别的企业在不同时期转换成另一信用级别的概率可能是不相同的，某一信用级别的企业在各个时期违约回收率的均值可能也是不同的。这些不同时期的转换概率和企业违约回收率均值就构成了混沌时间序列。假设经济的宏观因素没有大的波动，就可以利用构成的混沌时间序列来预测短期的信用等级转移概率矩阵和企业违约回收率均值。五是该模型在实际运用中需要能够做好信用等级评估工作的高素质工作人员。另外由于该模型采用了蒙特卡罗模拟，运算量较大，以国有商业银行现有的电脑网络系统，每次计算 VaR 值都需要几个小时甚至十几个小时，这样的速度有时可能无法满足业务发展的需要。

（3）宏观模拟模型

基于经济周期的各种宏观因素会对债务人的信用等级转移产生重要的影响，麦肯锡借用威尔逊（Wilson）的建模思想将宏观因素与转移概率间的关系模型化，建立了宏观模拟模型，以有条件转移矩阵取代以历史数据为基础的无条件转移矩阵，并求出对经济周期敏感的 VaR 值。宏观经济模型将宏观经济因素对信用等级转移概率的影响引入到模型之中，对所有的风险暴露都采用盯市法，弥补了信用度量技术的不足。从实际应用的角度看，模型需要国家和各个行业的违约数据作为基础，由于我国的信用风险量化处于起步阶段，还没有建立完善的数据库，因此在使用该模型时缺乏基础条件。

（4）信用风险附加法模型

该模型由瑞士信贷银行金融产品开发部开发，基本思路是运用保险经济学中的保险精算方法，将风险暴露划分成不同的频段，以提高风险度量的精确程度。该模型的主要优势体现在：易于求出债券及其组合的损失概率和边际风险分布；基于违约分析，所需估值变量很少，只需要违约和风险暴露的分布即可；处理能力很强，可以处理数万个不同地区、不同部门、不同时限等不同类型的风险暴露；根据组合模型价值的损失分布函数可以直接计算组合的预期损失和非预期损失的值，比较简便。模型劣势与 KMV 模型一样，只将违约风险纳入模型，没有考虑市场风险，而且认为违约风险与资本结构无关；没有考虑信用等级迁移，因而任意债权人的债务价值是固定不变的，它不依赖于债务发行人信用品质和远期利率的变化与波动。尽管违约概率受到一些随机因素的影响，但风险暴露并不受这些因素的影响；每一频段违约率均值的方差并不完全相同，否则会低估违约率；不能处理非线性金融产品，如期权、外币掉期等。

3. 个人信用风险管理体系

由于互联网金融机构往往是面向众多的个人用户提供金融服务，因此建立个人信用的评估和科学评分体系，对于互联网金融机构管理风险和进行风险控制至关重要。风险管理在美国大致经历了利用专家模型进行的人工审批、利用数学模型和决策软件进行预测分析、利用自适应动态管理系统的动态控制、策略优化四个发展阶段，每个阶段风险管理方式的应用都使得金融机构的利润大幅提升。做好风险管理不仅可以防范和控制风险以减少损失，而且能够实现利润最大化。

互联网金融风险控制非常关键的是个人信用评级。美国作为发达的市场经济体，其强大的金融机构有相应的评级机构和风险评估机构，有着完善的个人信用风险评级体系。美国的个人信用管理体系不仅能够促进金融机构的发展和降低金融风险，而且能够促进经济增长。在消费信用管理上美国逐步发展出以三大信用局为主的个人风险信用体系和以费埃哲（Fair Isaac Corporation，FICO）评分为主的个人信用评级体系，FICO 通过三大征信局销售其信用评分。信用局根据平时搜集的信用资料对个人信用做出客观的个人信用评分，即在个人信用资料及信用报告的基础上对借款人的还款意愿和能力进行风险评估，根据详尽的信用状况并根据个人不同时期的表现，实行动态管理。这种自动风险评估系统可以迅速判断借款人的信用情况，帮助金融机构进行快速的信贷决策。

FICO 个人信用评分体系对于我国互联网金融及信用评级公司具有重要的借鉴作用。建立健全央行的个人征信及完善的个人信用评估体系，对于互联网金融机构的风险防范具有重要辅助作用。我国个人征信体系正逐步建立和完善，这对于互联网金融机构的发展具有促进作用，对于个人信用风险管理也有辅助作用。因此，互联网金融企业应建立企业风控系统与线下审核双保险。

二、基于数据挖掘的信用评级和风险控制

从以上分析可以看出，基于数据挖掘建立信用评级和风控模型是互联网金融风险控制的重要方法。互联网金融本身催生的新的征信需求也催生了新的征信方式——互联网征信系统的产生。

如图7-1所示，我国央行的征信系统是通过商业银行、其他社会机构上报的数据，结合身份认证中心的身份审核，提供给银行系统信用查询和提供给个人信用报告。但其他征信机构和互联金融公司目前不提供直接查询服务。2006年1月开通运行的央行征信系统，截至2013年初，有大概8亿人在其中有档案。在这8亿人当中，只有不到3亿人在银行或其他金融机构发生过借贷记录，其中存在大量没有信贷记录的个人。

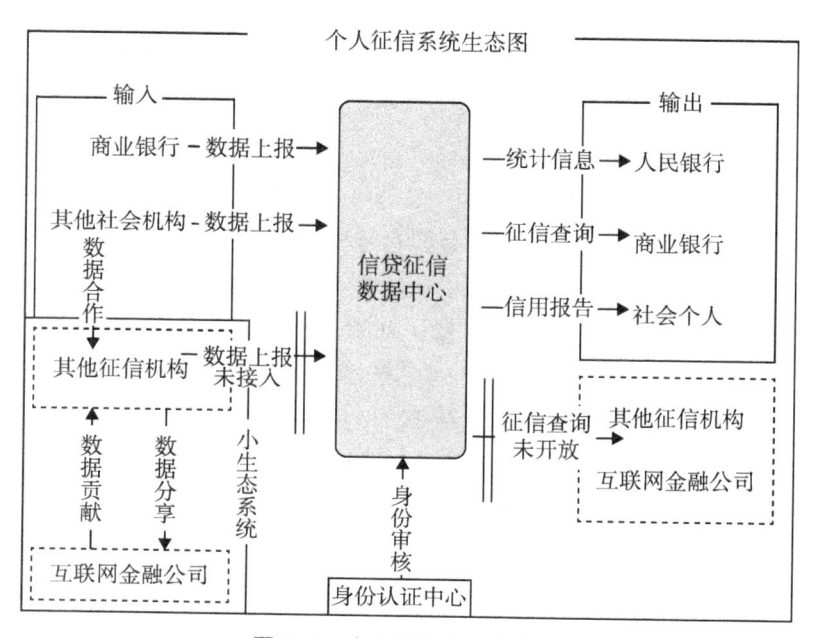

图7-1 个人征信系统生态图

而这些人却有可能在央行征信系统外的其他机构、互联网金融公司自己的数据系统中存有相应的信贷记录。市场上一些线下小贷公司、网络信贷公司对于借贷人的信用评级信息需求非常旺盛，因此也催生了若干市场化征信公司，目前国内较大的具有代表性的市场化征信公司有几家，如北京安融惠众、上海资信、深圳鹏元等。

虽然上述央行征信系统目前不对市场开放，但至少央行的态度明朗，支持互联网金融的发展，并认为互联网金融是传统金融的有益补充。通过积极探索，在不依赖央行征信系统的情况下，市场自发形成了各具特色的风险控制生态系统。大公司通过大数据挖掘，自建信用评级系统；小公司通过信息分享，借助第三方获得信用评级咨询服务。总的来看，互联网金融企业的风控大致分为两种模式，一种是类似于阿里的风控模式，采用这一模式的公司通过自身系统大量的电商交易以及支付信息数据建立了封闭系统的信用评级和风控模型；另外一种则是众多中小互联网金融公司通过贡献数据给一个中间征信机构，再分享征信信息。

从P2P网贷公司和一些线下小贷公司采集动态大数据，为互联网金融企业提供重复借贷查询、不良用户信息查询、信用等级查询等多样化服务是目前这些市场化的征信公司正在推进的工作。而随着加入此游戏规则的企业越来越多，这个由大量动态数据勾勒的信用图谱也将越来越清晰。

互联网大数据海量且庞杂，充满噪声，哪些大数据是互联网金融企业风险控制官钟爱的有价值的数据类型？图7-2揭示了互联网海量大数据中与风控相关的数据，以及哪些企业或产品拥有这些数据。

利用电商大数据进行风控，阿里金融对于大数据的谋划可谓非一日之功。在很多行业人士还在云里雾里的时候，阿里已经建立了相对完善的大数据挖掘系统。阿里巴巴集团以电商平台阿里巴巴、淘宝、天猫、聚划算以及支付宝等积累的大量交易支付数据作为最基本的数据原料，再加上卖家自己提供的销售数据、银行流水、水电缴纳甚至结婚证等作为辅助数据原料。所有信息汇总后，将数值输入网络行为评分模型，进行信用评级。

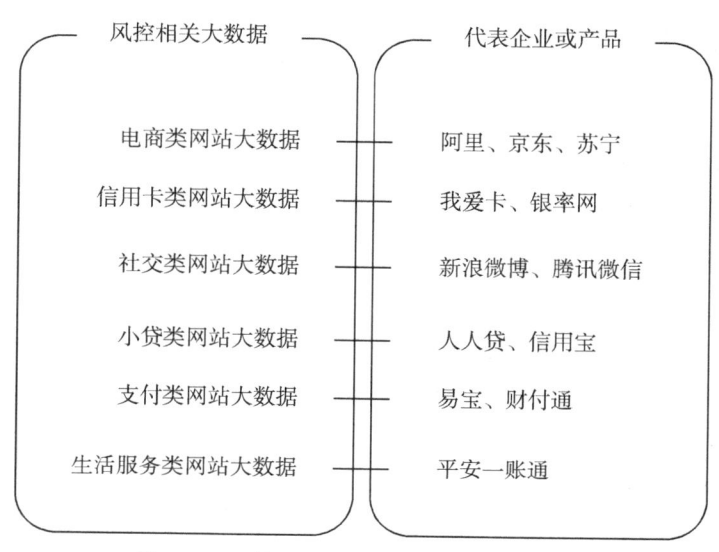

第七章 风险控制与产融结合的精准匹配

风控相关大数据	代表企业或产品
电商类网站大数据	阿里、京东、苏宁
信用卡类网站大数据	我爱卡、银率网
社交类网站大数据	新浪微博、腾讯微信
小贷类网站大数据	人人贷、信用宝
支付类网站大数据	易宝、财付通
生活服务类网站大数据	平安一账通

图 7-2 风控相关大数据及代表企业或产品

信用卡类网站的大数据同样对互联网金融的风险控制非常有价值。申请信用卡的年份、是否通过、授信额度、卡片种类，信用卡还款数额、对优惠信息的关注等都可以作为信用评级的参考数据。国内最具代表性的企业是成立于2005年，最早开展网上代理申请信用卡业务的"我爱卡"。其创始人涂志云和他的团队又在2013年推出了信用风险管理平台"信用宝"，利用"我爱卡"积累的数据和流量优势，结合其早年从事的 FICO 风控模型，做互联网金融小微贷款。

利用社交网站的大数据进行网络借贷的典型是美国的 Lending Club。Lending club 于 2007 年 5 月 24 日在 Facebook 上开张，通过一个借贷平台利用社交网络关系数据和朋友之间的相互信任聚合人气。借款人被分为若干信用等级，但是却不必公布自己的信用历史。

在国内，2013年阿里巴巴以5.86亿美元购入新浪微博18%的股份，其用意给人很多遐想空间，获得社交大数据，阿里完善了大数据类型。加上支付宝的水电气缴费信息、信用卡还款信息、支付和交易信息，阿里巴巴已然成为了数据全能选手。

小贷类网站积累的信贷大数据包括信贷额度、违约记录等。但单一企业的缺陷在于数据的数量级别低和地域性太强。还有部分小贷网站平台通过线下采集数据转移到线上的方式来完善信用数据。这些特点决定了如果单兵作战必定付出巨大成本。因此，共享数据的模式正逐步被认可，抱团取暖胜过单打独斗。有数据统计的全国小贷平台有几百家，全国性比较知名的有人人贷、拍拍贷、红岭和信用宝等。

第三方支付类平台未来的机遇在于今后有可能基于用户的消费数据做信用分析。支付的方向、每月支付的额度、所购买产品的品牌等都可以作为信用评级的重要参考数据。代表产品为易宝、财付通等。

生活服务类网站的大数据，如水费、电费、煤气费、有线电视费、电话费、网络费、物业费交纳平台则客观真实地反映了个人的基本信息，是信用评级中一类重要的数据类型。代表产品为平安的"一账通"。

互联网金融风控大数据加工过程如下所示：

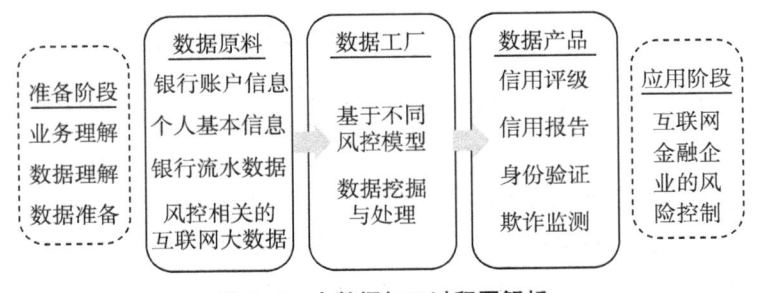

图7-3 大数据加工过程图解析

如图7-3所示，在进行数据处理之前，对业务和数据的理解非常重要，这决定了要选取哪些数据原料进行数据挖掘，进入数据工厂之前的工作量通常要占到整个过程的60%以上。

在数据原料方面，越来越多的互联网在线动态大数据被添加进来。例如，一个虚假的借款申请人信息就可以通过分析网络行为痕迹被识别出来，一个真实的互联网用户总会在网络上留下蛛丝马迹。对征信有用的数据的时效性也非常关键，被征信行业公认的有效的动态数据通常是从现在开始倒推24个月的数据。

企业通过获得多渠道的大数据原料，利用数学运算和统计学的模型进行分析，能够评估出借款者的信用风险，典型企业有美国的 Zest Finance。这家企业的大部分员工是数据科学家，他们并不特别地依赖于信用担保行业，用大数据分析进行风险控制是 Zest Finance 的核心技术。他们的原始数据来源非常广泛。

Zest Finance 的数据工厂的核心技术和机密是其开发的 10 个基于学习机器的分析模型，对每位信贷申请人的超过 1 万条原始信息数据进行分析，并得出超过 7 万个可对其行为做出测量的指标，而这一过程在 5 秒钟内就能全部完成。

事实上，在美国，征信公司或者大数据挖掘公司的产品不仅提供给相关企业用于降低金融信贷行业的风险，同时也用于帮助做决策判断和市场营销，这些不在本书的探讨范围内，但是可以从另一个角度给我们很多启发。

这里需要强调一个重要的概念是风控模型。风控模型包括测算公司能够承受的最高风险、预测目标项目的风险可能、在风险发生之前如何做到预警和风险发生时如何及时止损，以及一旦止损失败公司能承受的损失底线等。

金融公司设计的任何形态的风控模型，都要符合自身企业的业务发展及市场需求，还要基于大数据和企业的风险承受能力，测算出适用于模型的风险范围，也就是对度的把握。如果企业自身测算最高风险承受能力较强，那么在建立模型过程中，评分卡的数值范围能做相应调整，但是宽松到什么尺度，则需要各个企业风控人员对自身企业的专业理解能力和逻辑思维推断能力来决定了。

风控模型有多种表现形式，评分卡是风控模型常见的一种。但对于互联网金融企业来说，适合自己企业的风控模型才是最有效的。因为每个企业对产品设计、行业分析的偏好都不同，如果要建立风控模型标准，各个公司应根据自有特点去灵活地控制数值，建立属于自己的评分卡或者评分机制。要强调的是，各企业风控模型的建立要通过一定的市场累计数据值来设置具有自己企业特色的评分类风控系数。

无论哪种风控模型，都要注意在降低风险的同时，测算收益率、承受能力（抗压能力）和成本分摊能力之间的平衡，降低或者分摊甚至消化损失发生概率，风控人员也要反复推测针对某一个产品，当风险发生时，是否有足够的预案，以便将损失降低到最低限度。

三、其他风险管理常用技术方法[45]

1. 风险坐标图法

风险坐标图法是把风险发生可能性的高低、风险发生后对目标的影响程度作为两个维度绘制在同一个平面上（即绘制成直角坐标系）。对风险发生可能性的角度、风险对目标影响程度的评估有定性、定量等方法。定性方法是直接用文字描述风险发生可能性的高低、风险对目标的影响程度，分别划分为比如"极低""低""中等""高""极高"各等级。

定量方法是对风险发生可能性的高低、风险对目标影响程度用具有实际意义的数量描述，如对风险发生可能性的高低用概率来表示，对目标影响程度用损失金额来表示。

2. 蒙特卡罗法

蒙特卡罗法利用随机模拟数学方法来分析评估风险发生的可能性、风险的成因、风险造成的损失或带来的机会等变量在未来变化的概率分布。操作步骤可以分为五步。第一步是量化风险。将需要分析评估的风险进行量化，明确度量单位，得到风险度量，并收集历史相关数据。第二步根据对历史数据的分析，借鉴常用建模方法，建立能描述该风险变量在未来变化的概率模型。利用诸如差分和微分方程方法、插值和拟合方法建立概率模型。概率模型大致分为两类：一类是对风险变量之间的关系及其未来的情况做出假设，直接描述该风险变量在未来的分布类型如正态分布，并确定其分布参数；另一类是对风险变量的变化过程做出假设，描述该风险变量在未来的分布类型）。第三步是计算概率分布的初步结果。利用随机数字发生器，将发生的随机数字代入上述概率模型，生成风险变量的概率分布初步结果。第四步修正完善概率模型。通过对生成的概率分布初步结果进行分析，用实验数据验证模型的正确性，并在实践中不断修正和完善模型。第五步利用该模型分析评估风险情况。

正态分布是蒙特卡罗风险法中使用最广泛的一类模型。在通常情况下，如果一个变量受很多相互独立的随机因素的影响，而其中每一个因素的影响都很小，则该变量服从正态分布。自然社会中的大量变量都符合正态分布。

由于蒙特卡罗法依赖于模型的选择，因此，模型本身的选择对于蒙特卡罗方法计算结果的精度影响甚大。蒙特卡罗方法计算量很大，但互联网金融机构可以非常轻松快捷地借助计算机来完成。

3. 关键风险指标管理

当一项风险事件发生时，可能存在多种成因，但主要矛盾或者关键成因往往只有几种。关键风险指标管理是对引起风险事件发生的关键成因指标进行管理的主法。具体操作步骤分六步：一是分析风险成因，找出关键成因；二是将关键成因量化，确定其度量，分析确定导致风险事件发生（或极有可能发生）时该成因的具体数值；三是以该具体数值为基础，以发出风险预警信息为目的，加上或减去一定数值后形成新的数值，此为关键风险指标；四是建立风险预警系统，即当关键成因数值达到关键风险指标时，发出风险预警信息；五是制定出现风险预警信息时应采取的风险控制措施；六是跟踪监测关键成因数值的变化，一旦出现预警，即实施风险控制措施。

关键风险指标管理法既可以管理单项风险的多个关键成因指标，也可以管理影响企业主要目标的多个主要风险。使用该方法，要求风险关键成因分析准确，且易量化、易统计、易跟踪监测。

4. 压力测试

压力测试是指在极端情景下，分析评估风险管理模型或内控流程的有效性，发现问题，制定改进措施的方法，目的是防止出现重大损失事件。压力测试是银行业对于风险管理常用的分析防范，尤其是在金融危机期间，经常用来测试银行金融机构的风险管理能力和风控能力。具体操作步骤分三步：一是针对某一风险管理模型或内控流程，假设可能会发生哪些极端情景。极端情景是指在非正常情况下发生概率很小，而一旦发生，后果十分严重的事情。假设极端情景时，不仅要考虑本企业和与本企业类似的其他企业出现过的历史教训，还要考虑历史上不曾出现但将来可能会出现的事情。二是评估极端情景发生时，该风险管理模型或内控流程是否有效，并分析对目标可能造成的损失。三是制定相应措施，进一步修改和完善风险管理模型或内控流程。

2007年美国金融危机时期金融市场的动荡转化为资产支持债券市场的流动性缺失、二级市场无法估值、一级市场停顿、同业拆借市场资金不足且流动性恶化、外汇掉期市场大幅收紧等。金融危机的爆发暴露了流动性应急方案不足，凸显了进一步修订和强化的必要性。压力测试的结果应用于流动性应急方案的制定当中，通过同业拆借市场或资产证券化市场获取流动性等也被纳入流动性应急方案。2007年以来美国金融危机给美国及其他国家造成了严重损失，我国银监会也有针对性地组织过我国多家商业银行进行压力测试，以防范国际金融危机对我国商业银行造成损失，在我国经济面临全球经济下行风险过程中监测商业银行承受风险的能力，为增强管理商业银行金融风险起到预警和警示作用。

另外，还应当与第三方资金支付机构加强合作。杜绝非法营业、杜绝非法聚集资金的底线是每一个互联网金融企业必须坚守的。在互联网金融平台中引入第三方支付机构合作，虽然增加了企业特别是P2P网贷企业运营成本，但可以很好地合理规避企业自融及做虚假债权的嫌疑。通过第三方支付机构的介入清晰明确投资人的资金流向，做到企业融资资金流向有源可查，这也是判别互联网金融平台合理运作的一个重要因素。

四、国外的金融风险控制

互联网金融风险控制应该经常利用互联网资源优势，借鉴国外一些行业领先的产品或者平台所运营的经验，学习参考它们先进的管理体系、技术体系来增强国内互联网金融行业，并稳定金融市场，开辟符合国情的互联网金融发展之路。

发达的资本市场和信用评级体系为国外互联网金融提供了良好的市场发展环境。资本市场为互联网金融企业提供了可靠的资金来源和多样化的资产配置、风险分散渠道。而发达的外部信用评级体系降低了互联网金融公司获取客户风险信息的业务成本和时间。如 Lending Club、Kabbage 等公司均可获得本国的基础信用评级数据，并将其作为评估客户风险的重要依据。Lending Club 由银行完成借款后，随后将借款进行类似资产证券化的操作，通过对债券进行打包、组合、拆分和出售，提高了资产的流动性，并实现了风险的分散。

在运营管理方面，一是结合多方信息进行融资项目筛选。利用网络渠道获取非传统信息，并结合传统信用基础信息对照分析，成为互联网金融公司提高信用甄别效率、控制业务成本和业务风险的创新手段。例如，Lending

第七章　风险控制与产融结合的精准匹配

Club 公司运用多渠道数据评估信用和欺诈风险，包括美国信用统计局的基础数据，以及通过第三方获得客户的 IP 地址、邮箱、电话号码和住址等信息评估其信用和欺诈风险；英国 Kabbage 公司结合企业 Facebook 上的客户互动数据、地理信息分享数据、物流数据进行信用甄别。二是规避过度价格竞争。国外互联网金融公司多采用以管理费用、佣金为主的盈利模式，避免以高利率、零费率、超低费率等单纯价格竞争吸引客户。以项目筛选和信息披露作为风险控制的主要手段，不以自身资本金进行项目担保，从而防范项目欺诈风险。如 Zopa 通过资金借出人之间的竞标有效降低资金利率；Lending Club 通过对不同用户进行信用等级评定及贷款利率、期限限定，为不同风险偏好的客户配置与之相适应的投资项目。三是把握资金运用的集中度和流动性结构。PayPal 货币市场基金主要是投资高质量证券，并限制将该基金过于投资于某个发行者发行的证券。为防范流动性风险，规定所投资的以美元加权的证券投资组合到期时间不超过 90 天，投资的单一证券到期时间不超过 397 天。

至于风险监管，一是要求全面的信息披露和风险提示以保护投资者。美国把 P2P 纳入证券类监管范围，P2P 平台需在美国证券交易委员会（SEC）注册登记，并履行完整的注册程序。注册文件和补充材料包含平台的运作模式、经营状况、潜在的风险因素、管理团队的构成和薪酬体系，以及公司的财务状况等多种信息。在项目审核方面，P2P 平台需逐日将贷款列表提交给 SEC，并在 SEC 的数据系统和网站上持续发布公告，说明出售的受益权凭证和贷款的具体细节以及进行风险披露。在投资者对 P2P 平台提起法律诉讼时，公告信息的存档记录可证明其是否存在以错误信息误导消费者的行为。二是规定单家公司和单个投资人的融资上限。为拓展互联网金融对小微企业的融资作用并充分防范风险，美国于 2013 年 4 月通过了《JOBS 法案》，该法案是一系列促进小企业和初创企业融资的改革措施，允许创业公司每年通过网络平台募集不超过 100 万美元的资金。该法案要求，年收入不足 10 万美元的投资人，所投金额不能超过年收入的 5%。而大于这一收入的，可以将 10% 的收入用于投资。

除此之外，互联网金融监管的主要内容要跟传统金融机构和功能一样包括市场准入监管、运作过程监管及退出监管。第一，市场准入监管是指对互联网金融的事前监管，即对互联网金融机构的设立进行审批。世界各国的商业银行都遵循市场准入原则，针对互联网金融是否需要审批尚在探讨中。审批机构审查时一般会考虑金融机构存在的必要性、生存能力等来事先防控金融风险的发生。第二，运作过程监管是指事中监管，即对互联网金融机构经营过程中的日常监管，主要包括业务范围监管、资本充足性监管、流动性监管、资产质量监管、市场风险监管等。第三，市场退出监管是指事后监管，即对严重违规操作或濒临破产的互联网金融机构所实施的市场退出做出规定。金融监管当局出于审慎监管的目的，为保护投资人的利益，对金融机构的市场退出一般有法律规定，主要方式包括并购、接管、注资挽救、清算关闭、解散等。对互联网金融的监管同样可借助传统金融监管方法，如事前检查筛选、现场检查、非现场检查、内部审计、外部审计、信用评级、信息披露、行业组织和公众监督等。由于互联网金融目前在全球尚属新生事物，互联网金融监管尚在探索中。目前美国颁布法律应对互联网金融监管，这表明在国际金融危机后美国在微观审慎监管基础上加强了对宏观审慎的监管。美国针对P2P网贷监管是需要P2P网贷公司在SEC注册备案。美国最新颁布法案承认众筹作为企业直接融资的方式，成为第一个真正改变相关监管章程而让公民自由参与众筹融资的国家。针对众筹平台的监管采取立法和备案等模式，对众筹融资管理的规定主要是从防范风险、保护投资人的角度做出的：一是项目融资总规模限制。每个项目在12个月内的融资规模不能超过100万美元。二是投资人融资规模限制。每个项目可以有很多小的投资人，但每个特定投资人的融资规模有一定限制，比如投资人年收入或净值低于10万美元，总融资额不能超过2000美元或其总收入的5%。对于P2P的监管，英国的行业自律起到了重要的监管作用。英国英格兰银行的金融行为监管局（Financial Conduct Authority，FCA），负责监管各类金融机构的业务行为，包括对P2P等互联网金融行业的监管，但目前尚未专门针对P2P行业发展制定具体法规。

总之，互联网金融由于发展时间短、变化快，与传统金融相比较，目前尚没有形成体系化的风险管控体系。通过运用数据分析的各种手段，我们将能够更好地认识产品、客户和业务流程，更好地做好风险管控。

第四节 信息流思维

如上所述，产品流和资金流在虚拟化的数字空间中的表现形式是数据的记录和方法。但其更重要的价值却是基于数据提取的信息为产业分析和金融分析提供了一种度量方法，为产业资本和银行资本的融合提供了一种分析的参照坐标。虚拟化的数字空间为实现或接近产业与金融要素间匹配的精准性奠定了技术基础。

由于资源的精准匹配可以有效降低产融结合过程中的风险，所以企业资源的精准匹配也是金融业务风险控制的有效方法或手段，称为基于精准匹配的风险控制。资源的精准匹配是建立在数据分析或者说信息提取基础上的。如果将产品流和资金流分别用资本表征映射到虚拟的金融空间，再将产品流和资金流分别通过数据化映射到虚拟的数字空间中，那么产融结合的精准匹配是指金融资本基于信息流的低风险价值实现。如果说互联网发展的上半场是通过互联网（包括移动互联网）的发展促进产业和金融的发展，那么互联网发展的下半场则是基于二者的信息流让产业和金融更好地发展、更好地融合。所以这不仅是一个互联网思维的问题，更是一个信息流思维的问题，以及如何从互联网思维过渡到数据流思维、再到信息流思维的问题。

信息流思维是指将产业资源和金融资源以数据来反映，通过信息来分析，将数据和信息看作一种重要的决策资源。

在产业领域，信息流思维强调精细化经营，业务开展要以用户为中心。强调用户将需求以数据的形式反馈至研发生产，研发生产经过信息提取形成产品或服务再传递到销售端，销售端通过接触用户又形成了数据的交互、循环和迭代。这种经过信息流思维改造的生产和商业模式，将给传统产业理论带来深刻的影响，它要求企业必须持续不断地产生数据、关注数据并且能够实时做出回应，这是未来企业创新创造新商业模式的基础。

在金融领域，信息流思维模式使得由仅从少数客户身上赚取高额利差的盈利模式开始向兼从海量用户身上赚取微量服务利润的盈利模式转变，通过微量服务利润+客户规模优势，企业的总利润仍然能保持增长。

在经营管理上，信息流思维意味着对企业创新性的持续不断的挑战，当企业通过数据流接近用户的时候，企业必须通过持续创新才能降低个性化服务的成本，从而成功吸引用户创造规模经济，实现可持续发展。否则，企业在这一市场里无利可图，离开这一市场则有未来被边缘化的风险。客观地说，海量用户的个性化需求并不容易把握，创新也有失败的危险，这就要求企业拥有充足的风险意识，具备顽强的抗风险能力。创造良好的用户体验，建立开放式、平台式的生态系统，为包括中、小、微企业和大众消费群体在内的用户联手提供全方位的服务，将有利于企业建立完善的数据流并在竞争中保持长久的优势地位。

互联网与物联网是信息流的底层物质技术结构。互联网的本质是连接，当互联网中的连接达到一定数量时，可以实现从量变到质变，从而涌现出新的特征。如果说互联网实现的是人与人之间的连接，那么物联网所实现的就是人与物之间的连接以及物与物之间的连接。互联网与物联网所形成的泛在网络对经济的影响来自于互联共生、记录、思维和数据驱动。

总之，信息经济对社会经济的改造由技术开始，到生产和消费，再到金融；对产业和金融的分析也从基于经验的专家决策或基于某些约束条件的模型决策进一步发展到数据驱动的决策分析。

那么虚拟的数字空间与虚拟的金融空间之间的结合就到此为止了吗？虚拟的数字空间对于虚拟的金融空间的意义只是实现产融要素间的精准匹配吗？产融结合还会从第二阶段向新的发展阶段迈进吗？如果答案是肯定的，方向在哪里呢？

第八章

基于信息与知识的产融结合

上一章的信息流思维结合金融科技的发展解答了进一步降低金融风险、提高产融结合要素匹配精准性的问题。结尾之处针对产融结合的未来发展方向提出了一系列的问题。本章将试着对这一系列问题进行解答。

本书认为,产融结合的未来发展方向在于第七章中所提到数字化的虚拟空间和金融资本的虚拟空间的进一步深度融合。而这个深度融合就是给数字化虚拟空间中承载的信息、蕴含的知识赋予金融属性。

第一节 对信息流思维的再认识

产品流和资金流在数字化虚拟空间中的表现是数据流。如第四章所述,在数据流之上可以进一步形成信息流。信息是经过某种加工处理后的数据,是反映客观事物规律的一些数据。数据是信息的载体,信息是对数据的解释。信息流思维指能充分利用架构在数据流之上的信息流来指导、处理、创新生活和工作的思维方式。信息的更高级形式是知识。知识是人们对客观世界的规律性的认识,是有规律性的信息,是对信息内容进行提炼、比较、挖掘、分析、概括、判断和推论。知识蕴含在信息流之中。

信息流在现实世界之外又构建了一个数字的世界,这个虚拟的数字世界可以记录、描述现实世界,也可以预测现实世界。之前对信息流思维认识的方向是将信息当作决策资源看待，从数据中提取信息并利用信息中蕴含的知识提高决策的能力和效率。那么有无可能直接给信息赋予金融属性呢？答案不仅是肯定的，而且在现实经济生活中已经有产品开始崭露头角。这类产品也决定了产融结合新的发展阶段的到来。

第二节　给信息赋予金融属性的实例——互联网货币

互联网相关的一系列的配套技术席卷而来，正全面影响着货币形态、支撑设施、运行机制等。在互联网技术的改变下，传统的金融发生了金融业态和生态的变化，信息开始被赋予最基本的金融属性，即作为支付手段的货币，也就是本节所要介绍的互联网货币。

社会与时代的发展使得互联网货币的发展势不可当，有观点认为正如纸币取代黄金的货币发展史一样，互联网货币也正逐步代替了实际货币的部分功能。如第二章所述，互联网货币属于一种金融工具。

互联网货币也称电子货币，根据巴塞尔银行监管委员会（Basel Committee on Banking Supervision）的定义：电子货币是指在零售支付机制中，通过销售终端、不同的电子设备之间以及在公开网络（如Internet）上执行支付的储值和预付支付机制。其所界定的电子货币有两类：一种是基于卡的电子货币产品，主要是指各种多功能或单功能的储值卡。借记卡和贷记卡的最主要区别就在于在支付过程中是否涉及账户资金的划转。另一种电子货币是基于网络或软件的产品，主要存储在计算机系统中，可以通过网络完成支付的电子数据。在商务印书馆出版的《英汉证券投资词典》中有如下解释：电子货币是可以在互联网上或通过其他电子通信方式进行支付的手段。这种货币没有物理形态，为持有者的金融信用。也有一些学者将其定义为：电子货币是指在继承了传统货币的交易行为自主性、交易条件一致性、交易方式独立性、交易过程持续性等特性的基础上，与传统货币在价值尺度上保持固定的兑换关系，通过事先储存的货币价值，利用网络和电子设备媒介交易的一种便利支付工具。其实从上述三种对于电子货币的描述中便可看出，目前互联网货币并没有一个统一且完整规范的定义，这也许与互联网货币并未发展成熟有一定关系，因此概念间的界限并不是很清晰。

第八章 基于信息与知识的产融结合

人们所称的"互联网货币",所含范围极广,几乎包括了所有与资金有关的电子化的支付工具和支付方式,如信用卡、储蓄卡、借记卡、IC 卡、消费卡、电话卡、煤气卡、电子支票、电子钱包(electronic wallet)、网络货币、智能卡等。虽然都采取了电子化的方式,但是货币形态的变革与支付方式的变更是不同的。货币形态的变革是货币的本质定义发生了变化,即货币的新形式。而支付方式的变更即是债务履行方式或者消费付费方式的变革。就目前应用的现状而言,大多数"互联网货币"是后者的形式,即是为了传递既有的货币而使用的新方法,并不是新形态的货币。人们所说的各种各样的"互联网货币",实际上大部分是资金支付的电子化,也就是将所谓的电子货币与现行的货币在价值上进行一定的关联,并运用账户的划拨,这实际上还是现行货币的流通与使用。

纵览互联网货币的发展历史[46],在国外,作为支付方式的变更的电子货币的发展起步于 20 世纪 90 年代后期,并一直受到社会公众和官方机构的广泛关注,特别是在将电子货币作为现金的替代品进行小额支付方面。纵观全球,电子货币的使用情况并不一致。卡基电子货币(card based e-money)已经在很多国家取得了相当的成功,尤其是在公交车、公用电话、停车计费和自动售货机领域。相对于卡基电子货币,网基电子货币(worknet based e-money)的发展则较慢。目前,网基电子货币已经在部分国家开展或正处于试验阶段,但其在用途、范围和应用上有很大的限制。

我国在支付方式变更的电子货币方面的发展稍晚于发达国家,但基本上是紧跟世界发展步伐。由于监管实践不允许银行发行储值卡,因此储值卡发行主体均为非银行机构,小到中小商户,大到电信企业、大型商场、公交公司等,其产品形式则为电话卡、商场购物卡、公交卡等。储值卡产品也逐渐从单用途向多用途过渡。国内典型的卡基电子货币主要有上海公交卡、广洲羊城通卡、厦门易通卡等,而很多高等院校的食堂和图书馆等也早就用上了"校园一卡通"。

国内网基电子货币发展较快,概括起来,国内网基电子货币主要有两种形式,一是第三方支付平台中的电子货币,二是各大网络服务提供商发行的电子货币。

电子商务的发展产生了以支付宝为代表的第三方支付平台——最初作为淘宝网公司为了解决网络交易安全所设的一个功能,该功能为首先使用的

"第三方担保交易模式"。支付宝公司于 2010 年 12 月宣布用户数突破 5.5 亿。目前除淘宝和阿里巴巴外,支持使用支付宝交易服务的商家发展迅猛,涵盖了虚拟游戏、数码通信、商业服务、机票等行业。

作为货币形态变革的形式,比特币(Bitcoin)是一种有代表性的金融工具,是一种 P2P 形式的数字货币。与采用中央服务器开发的第一代互联网不同,比特币是采用点对点网络开发的区块链,打开了点对点网络的应用。点对点的传输意味着一个去中心化的支付系统。比特币最初由日本学者中本聪于 2008 年 11 月在一个密码学在线论坛上提出,货币的产生基于开源的 P2P 软件,用户通过 CPU 的运算能力来运行软件并开始"挖矿",当所有的挖矿行动开始时,就形成了一个区域链,比特币就在这个过程中产生。

比特币不依靠特定货币机构发行,它依据特定算法,通过大量的计算产生,比特币经济使用整个 P2P 网络中众多节点构成的分布式数据库来确认并记录所有的交易行为,并使用密码学的设计来确保货币流通各个环节的安全性。P2P 的去中心化特性与算法本身可以确保无法通过大量制造比特币来人为操控币值。基于密码学的设计可以使比特币只能被真实的拥有者转移或支付。这同样确保了货币所有权与流通交易的匿名性。比特币与其他虚拟货币最大的不同是其总数量非常有限,具有极强的稀缺性。该货币系统曾在 4 年内只有不超过 1050 万个,之后的总数量将被永久限制在 2100 万个。

比特币是类似电子邮件的电子现金,交易双方需要类似电子邮箱的"比特币钱包"和类似电邮地址的"比特币地址"。和收发电子邮件一样,汇款方通过电脑或智能手机,按收款方地址将比特币直接付给对方。比特币地址是由字母和数字构成的一串字符,总是由 1 或者 3 开头,例如 "1DwunA9otZZQyhkVvkLJ8DV1tuSwMF7r3v"。比特币软件可以自动生成地址,生成地址时也不需要联网交换信息,可以离线进行。可用的比特币地址超过 2 个。

比特币地址和私钥是成对出现的,它们的关系就像银行卡卡号和密码。比特币地址就像银行卡卡号一样用来记录人们在该地址上存有多少比特币。人们可以随意地生成比特币地址来存放比特币。每个比特币地址在生成时,都会有一个相对应的该地址的私钥被生成出来。这个私钥可以证明人们对该地址上的比特币具有所有权。

比特币的本质其实就是一堆复杂算法所生成的特解。特解是指方程组所能得到无限个（其实比特币是有限个）解中的一组。而每一个特解都能解开方程并且是唯一的。以人民币来比喻的话，比特币就是人民币的序列号，你知道了某张钞票上的序列号，你就拥有了这张钞票。而挖矿的过程就是通过庞大的计算量不断地去寻求这个方程组的特解，这个方程组被设计成了只有 2100 万个特解，所以比特币的上限就是 2100 万。

要挖掘比特币可以下载专用的比特币运算工具，然后注册各种合作网站，把注册来的用户名和密码填入计算程序中，再点击运算就正式开始。完成 Bitcoin 客户端安装后，可以直接获得一个 Bitcoin 地址，当别人付钱的时候，只需要自己把地址贴给别人，就能通过同样的客户端进行付款。在安装好比特币客户端后，它将会分配一个私有密钥和一个公开密钥。备份你包含私有密钥的钱包数据，才能保证财产不丢失。如果不幸完全格式化硬盘，个人的比特币将会完全丢失。

比特币具有如下的货币特征。

（1）去中心化：比特币是第一种分布式的虚拟货币，整个网络由用户构成，没有中央银行。去中心化是比特币安全与自由的保证。

（2）全世界流通：比特币可以在任意一台接入互联网的电脑上管理。不管身处何方，任何人都可以挖掘、购买、出售或收取比特币。

（3）专属所有权：操控比特币需要私钥，它可以被隔离保存在任何存储介质。除了用户自己之外无人可以获取。

（4）低交易费用：可以免费汇出比特币，但最终对每笔交易将收取约 1 比特分的交易费以确保交易更快执行。

（5）无隐藏成本：作为由 A 到 B 的支付手段，比特币没有烦琐的额度与手续限制。知道对方的比特币地址就可以进行支付。

（6）跨平台挖掘：用户可以在众多平台上运用不同硬件的计算能力进行挖掘。

比特币具有如下优点：

（1）完全去中心化。比特币没有发行机构，也就不可能操纵其发行数量。其发行与流通，是通过开源的 P2P 算法实现。

（2）匿名、免税、免监管。

（3）健壮性。比特币完全依赖 P2P 网络，无发行中心，所以外部无法关闭它。比特币的价格可能波动、崩盘，多国政府可能宣布它非法，但比特币和比特币庞大的 P2P 网络不会消失。

（4）无国界、可跨境。跨国汇款，要经过层层外汇管制机构审核，而且交易记录会被多方记录在案。但如果用比特币交易，直接输入数字地址，点一下鼠标，等待 P2P 网络确认交易后，大量资金就过去了。不经过任何管控机构，也不会留下任何跨境交易记录。

（5）山寨者难于生存。由于比特币算法是完全开源的，谁都可以下载到源码，修改些参数，重新编译下，就能创造一种新的 P2P 货币。但这些山寨货币很脆弱，极易遭到攻击。任何个人或组织，只要控制一种 P2P 货币网络 51% 的运算能力，就可以随意操纵交易、币值，这会对 P2P 货币构成毁灭性打击。很多山寨币就是死在了这一环节。而比特币网络已经足够健壮，想要控制比特币网络 51% 的运算力，所需要的 CPU/GPU（中央处理器/图形处理器）数量将是一个天文数字。

比特币缺点如下：

（1）交易平台的脆弱性。比特币网络很健壮，但比特币交易平台很脆弱。交易平台通常是一个网站，而网站会遭到黑客攻击，或者遭到主管部门的关闭。

（2）交易确认时间长。比特币钱包初次安装时，会消耗大量时间下载历史交易数据块。而比特币交易时，为了确认数据准确性，也需要消耗一些时间与 P2P 网络进行交互，得到全网确认后，交易才算完成。

（3）价格波动极大。由于大量炒家介入，导致比特币兑换现金的价格如过山车一般起伏，从而也使得比特币更适合投机，而不是匿名交易。

（4）大众对原理不理解，以及传统金融从业人员的抵制。活跃网民了解 P2P 网络的原理，知道比特币无法人为操纵和控制。但大众并不理解比特币原理，很多人甚至无法分清比特币和 Q 币的区别。"没有发行者"是比特币的优点，但在传统金融从业人员看来，"没有发行者"的货币毫无价值。

比特币可以用来兑现，可以兑换成大多数国家的货币。使用者可以用比特币购买一些虚拟物品，比如网络游戏当中的衣服、帽子、装备等，只要有人接受，也可以使用比特币购买现实生活当中的物品。

每当比特币进入主流媒体的视野时，主流媒体总会请一些主流经济学家分析一下比特币。早先，这些分析总是集中在比特币是不是骗局。而现如今的分析总是集中在比特币能否成为未来的主流货币。而这其中争论的焦点又往往集中在比特币的通缩特性上。

不少比特币玩家是被比特币的不能随意增发所吸引的。和比特币玩家的态度截然相反,经济学家们对比特币2100万固定总量的态度两极分化。

凯恩斯学派的经济学家们认为政府应该积极调控货币总量,用货币政策的松紧来为经济适时加油或者刹车。因此,他们认为比特币固定总量货币牺牲了可调控性,而且更糟糕的是将不可避免地导致通货紧缩,进而伤害整体经济。奥地利学派经济学家们的观点却截然相反,他们认为政府对货币的干预越少越好,货币总量的固定导致的通缩并没什么大不了的,甚至是社会进步的标志。

根据设计原理,比特币的总量会持续增长,直至100多年后达到2100万的那一天。但比特币货币总量后期增长的速度会非常缓慢。事实上,87.5%的比特币都将在头12年内被"挖"出来。所以从货币总量上看,比特币并不会达到固定量,其货币总量实质上是会不断膨胀的,尽管速度越来越慢。因此看起来比特币似乎是通胀货币才对。

然而判断处于通货紧缩还是膨胀,并不依据货币总量是减少还是增多,而是看整体物价水平是下跌还是上涨。整体物价上升即为通货膨胀,反之则为通货紧缩。长期看来,比特币的发行机制决定了它的货币总量的增长速度将远低于社会财富的增长速度。

对此,凯恩斯学派的经济学家们认为,物价持续下跌会让人们倾向于推迟消费,因为同样一元钱明天就能买到更多的东西。消费意愿的降低又进一步导致了需求萎缩、商品滞销,使物价变得更低,步入"螺旋式通货通缩"(deflationary spiral)的恶性循环。同样,通缩货币哪怕不存入银行其本身也能升值(购买力越来越强),人们的投资意愿也会升高,社会生产也会陷入低迷。因此比特币是一种具备通缩倾向的货币。比特币经济体中,以比特币定价的商品价格将会持续下跌。

无论比特币如何被讨论、定义、归类,比特币的造富故事在极客、互联网、金融圈一直不断传递。2013年3月初,比特币的价格已经在IT圈、金融圈炒过一轮,涨了几十倍。那个时候,大量的比特币玩家开始进入,2013年11月19日,比特币在中国交易平台上的最高价格是6989元,而2013年1月初,比特币的价格只有80元,已增长80多倍。依托于比特币,一整套产业链应运而生。上游是生产矿机、挖矿(用软件挖掘比特币)、交易平台,下游还有许多支付、商家合作等环节，以及基于移动端的 App 呈现比特币的相关信息。

比特币的存量正越来越小，挖掘出来所需要耗费的芯片、服务器成本也居高不下。目前，比特币的算力已经进入了 P 算力时代（1P = 1024T，1T = 1024G）。这意味着，挖掘到新的比特币（挖矿）难度更大，需要耗费的硬件资源也更高。目前，一台挖矿机的价格少则几十万，多则 100 多万。同时，新的比特币创造速度也越来越慢，创造货币的速度每四年衰减一半。现在是每 10 分钟创造出 50 个新比特币，所有的比特币大约将于 2140 年内被完成，达到 2100 万个。

从经济学的成本与效率上来说，虽然比特币兑换成美元、人民币的价格很高，但是在挖掘比特币的过程中，也花费了挖掘者的时间、精力与装备，相关挖掘费用便是获得比特币的成本。与 Q 币、百度币、酷币、盛大点券等虚拟货币相比，比特币目前似乎具有投资"价值"。因为其自身的稀缺性，还具备便捷的全球支付能力，支付范围在不断扩展。

第三节 产融结合发展的新阶段——区块链

作为比特币底层支撑技术的区块链近年来受到互联网和其他领域专业人士的热捧，被认为是下一代全球信用认证和价值互联网的基础协议之一。它的出现预示着互联网的用途可能从传统信息传递逐步转变成为价值传递，也预示着在数字化的虚拟空间中出现了一种新的信息形式，其不仅能为产融结合各要素间的精准匹配提供量化支持，其本身还可被赋予金融的属性。

区块链是一种基于密码学技术生成的分布式共享数据库，其本质是通过去中心化的方式集体维护一个可靠数据库的技术方案。该技术方案让参与系统中的任意多个结点把一段时间系统内全部信息交流的数据通过密码学算法计算和记录到一个数据块，并且生成该数据块的数字签名以验证信息的有效性并链接到下一个数据块形成一条主链，系统所有结点共同来认定收到的数据块中的记录的真实性。

文献[47]详细介绍了区块链的原理，下面引用文献[47]的部分内容对区

第八章 基于信息与知识的产融结合

块链进行介绍。

在如何建立一个严谨数据库的问题上,区块链的办法是:将数据库的结构进行创新,把数据分成不同的区块,每个区块通过特定的信息链接到上一区块的后面,前后顺连来呈现一套完整的数据。每一个区块上记录的交易是上一个区块形成之后、该区块被创建前发生的所有价值交换活动,这个特点保证了数据库的完整性;一旦新区块完成后被加入到区块链的最后,则此区块的数据记录就再也不能改变或删除,这个特点保证了数据库的严谨性,即无法被篡改。

这个严谨且完整存储下来的数据库依靠非对称加密算法保证安全。非对称加密算法是区块链内所有权验证机制的基础。常见的非对称加密算法包括RSA、Elgamal、D-H、ECC(椭圆曲线加密算法)等。在非对称加密算法中,如果一个"密钥对"中的两个密钥满足以下两个条件:第一,对信息用其中一个密钥加密后,只有用另一个密钥才能解开;第二,其中一个密钥公开后,根据公开的密钥别人也无法算出另一个,那么就称这个密钥对为非对称密钥对,公开的密钥称为公钥,不公开的密钥称为私钥。在区块链系统的交易中,非对称密钥的基本使用场景有两种:①公钥对交易信息加密,私钥对交易信息解密。私钥持有人解密后,可以使用收到的价值。②私钥对信息签名,公钥验证签名。通过公钥签名验证的信息确认为私钥持有人发出。

区块中会记录下区块生成时间段内的交易数据,区块主体实际上就是交易信息的合集。每一种区块链的结构设计可能不完全相同,但大结构上分为块头(header)和块身(body)两部分。块头用于链接到前面的块并且为区块链数据库提供完整性的保证,块身则包含了经过验证的、块创建过程中发生的价值交换的所有记录。由于每一个区块的块头都包含了前一个区块的交易信息压缩值,这就使得从创世块(第一个区块)到当前区块连接在一起形成了一条长链。由于如果不知道前一区块的"交易缩影"值,就没有办法生成当前区块,因此每个区块必定按时间顺序跟随在前一个区块之后。这种所有区块包含前一个区块引用的结构让现存的区块集合形成了一条数据长链。区块链数据库让全网的记录者在每一个区块中都盖上一个时间戳来记账,表示这个信息是这个时间写入的,形成了一个不可篡改、不可伪造的数据库。区块链提供了数据库内每一笔数据的查找功能。区块链上的每一条交易数据,都可以通过"区块链"的结构追本溯源,一笔一笔地进行验证。

在中心化的体系中，数据都是集中记录并存储于中央电脑上。但是区块链结构不赞同把数据记录并存储在中心化的一台或几台电脑上，而是让每一个参与数据交易的节点都记录并存储下所有的数据。具体方法是：构建一个分布式结构的网络系统，让数据库中的所有数据都实时更新并存放于所有参与记录的网络节点中。这样即使部分节点损坏或被黑客攻击，也不会影响整个数据库的数据记录与信息更新。区块链根据系统确定开源的、去中心化的协议，构建分布式的结构体系让价值交换的信息通过分布式传播发送给全网，通过分布式记账确定信息数据内容，盖上时间戳后生成区块数据，再通过分布式传播发送给各个节点，实现分布式存储。

在区块链中，脚本可以理解为一种可编程的智能合约。如果区块链技术只是为了适应某种特定的交易，那脚本的嵌入就没有必要了，系统可以直接定义完成价值交换活动需要满足的条件。然而，在一个去中心化的环境下，所有的协议都需要提前取得共识，那脚本的引入就显得不可或缺了。有了脚本之后，区块链技术就会使系统有机会去处理一些无法预见的交易模式，保证这一技术在未来的应用中不会过时，增加技术的实用性。

区块链技术为数字化虚拟空间和金融资本虚拟空间的深度融合提供了技术上的可能性，也带来了许多的想象空间。例如，是否有可能将产业资本和银行资本映射到数字化虚拟空间中，基于某种度量直接在此空间中统一为"信息资本"或将此"信息资本"与金融资本合二为一？目前已有研究认为区块链技术适用于非实时的信息登记场景、低频交易场景，如有价证券发行、无形资产登记等。2015年12月30日，纳斯达克通过区块链平台完成了首个证券交易。纳斯达克表示，区块链账本已经把股票发行给一位不愿意透露姓名的私人投资者，通过去中心化账本证明了股份交易的可行性，而不再需要任何第三方中介或者清算所。通常，纳斯达克在处理此类股份交易时，需要经过大量的非正式系统，如今纳斯达克以区块链技术取代其纸质凭证系统。将每一家公司每笔股权交易的信息都放到区块链上后，公司融资多少、估值多少一目了然，交易变得公开透明，解决了原来信息不对称的问题，使得投资决策更为简单、高效[48]。目前区块链的实时性、高频交易场景的适用性尚有待验证。这些努力方向显示着研究者们正在尝试着给区块链赋予更多货币之外的金融属性，也预示着产融的结合有可能基于区块链技术进入一个两大虚拟空间深度融合的新的发展阶段。

第四节 产融结合发展的新阶段——智能化

如之前所述,信息流作为纽带将资金流和产品流联结在一起实现有效的产融结合。其运动过程因为具有基于反馈的探索性,所以具有明显的自组织特征。这就为基于知识建立智能平台、实现产业资源和货币资源的自动结合和闭环地自动控制提供了可能,这种自组织的产融结合的发展方向其实质就是人工智能与产融结合的深度结合,是知识与产融结合的融合,也是金融智能产生的原因,并有可能成为产融结合发展新阶段的代表性特征之一。

如前所述,按照战略管理大师迈克尔·波特的观点[49],每个企业都处在产业链中的某一环节,一个企业要赢得和维持竞争优势不仅取决于其内部价值链,而且还取决于在一个大的价值系统(即产业价值链)同其供应商、销售商以及顾客价值链之间的联结。在每一个产业内,企业在产品、信息、资金、技术等方面存在着密切的关联。每个企业在产业内的分工不同,分别处在产业链的不同环节,各自扮演着不同的角色。产业的上下游企业之间存在着产品、信息、资金等要素的传递过程,这个过程同时也是价值的增值过程,所以在每一个产业内都有一条价值链,可以称之为产业价值链。产业价值链的形成有效地实现整个产业链的价值,反映价值的转移和创造。

产业价值链形态并不是唯一的,由于产业的特性,针对具体的行业,其产业价值链构成往往存在差异性,而且处于动态变化之中。产业价值链的主要特征有以下几点。[48]

(1)系统性:产业价值链的各个组成部分相互依存、相互制约,共同构成一个有机的整体。不仅产业的上下游企业之间存在着产品、信息、资金等要素的传递过程,而且产业价值链之间也相互交织,呈现出多层次的网络结构特征。

(2)增值性:价值链同时也是增值链。增值性也是产业价值链的一个基本特征。产业内的各个企业分别处在产业链的不同环节,它们创造着价值,传递着价值。下游企业的价值增值环节是在上游企业价值创造的基础上,进一步面向新的客户进行。整个产业价值链的增值性大小与产业中上下游企业的关联密不可分,也与产业链的末端企业与最终客户的关系紧密相联。整个产业链的增值性最终取决于价值链末端的客户价值能否真正实现。

（3）价值创造的差异性：根据价值链理论，在整个产业价值链上实际上只有某些特定的价值活动才真正创造价值。这些真正创造价值的经营活动就是整个产业价值链上的"战略环节"。行业的垄断优势就来自于此，抓住了这些战略环节，也就抓住了整个价值链，控制了整个行业。例如，某产业价值链中包括研发、设计、制造、仓储、运输、销售、服务等环节，其中产品的研发、设计是价值链中的关键环节，也是整个产业链中增值最大的环节，而其他诸如制造、销售、服务等环节是非关键环节，在整个产业链中处于次要、从属地位，控制这些环节不能给企业带来较高利润，是非战略环节。

（4）循环性：产业链中价值的增值是一个不断循环反复的过程。如果一条产业价值链无法实现有效的循环，那么这条产业价值链会面临"死亡"的境地。

通过前面的论述，不难看出，围绕产业链和价值链的产融结合正随着信息技术的进步在不断演进和发展，其趋势是要素的表征越来越数字化、要素间的匹配越来越精准，这为通过计算机代替人类决策提供了可能。而数据库、数据挖掘、人工智能和机器学习等计算机技术的发展正在将这种可能变为现实。产品流、资金流的信息通过多维度数据呈现出来，产融结合中各要素间的复杂匹配和优化设置通过计算自动迭代完成，通过大数据分析技术自动完成对结果的评估、改进和系统参数的升级换代，从而使得产业和金融业多要素之间形成可以智能决策的自组织网络，以自组织的形式自动探索、对变化做出反应并完成优化配置。

从上述分析看，目前正处在产融结合发展第二阶段的、与商品生产和商品流通紧密相关的供应链金融和消费金融有可能在这方面最先有所突破。

总之，产融结合发端于产业与金融的发展，其相互之间的作用促进了产业的升级和结构优化，在产品流和资金流的基础上产生了信息流。从数据、到信息、再到知识，产融结合与信息流由连接到融合不断推动着金融的创新发展，也创造着产融结合的新的发展阶段。

参考文献

［1］卡尔·马克思. 资本论［M］. 朱登, 编译. 北京：北京联合出版公司, 2013.
［2］斯密·斯密. 国富论［M］. 郭大力, 王亚南, 译. 南京：译林出版社, 2013.
［3］约翰·梅娜德·凯恩斯. 就业、利息和货币通论［M］. 徐毓枬, 译. 南京：译林出版社, 2011.
［4］产品流, MBA智库百科, http://wiki.mbalib.com/wiki/产品流.
［5］物流, 百度百科, https://baike.baidu.com/item/物流.
［6］商流, 百度百科, https://baike.baidu.com/item/商流.
［7］全部经济活动的国际标准产业分类, 百度百科, https://baike.baidu.com/item/标准产业分类法/356581?fr=aladdin.
［8］三次产业分类法, 百度百科, https://baike.baidu.com/item/三次产业分类法/10360915.
［9］三次产业划分规定, 国家统计局, http://www.stats.gov.cn/tjsj/tjbz/201301/t20130114_8675.html.
［10］模块化生产模式, MBA智库百科, http://wiki.mbalib.com/wiki/模块化生产.
［11］宇通客车：2007年年度报告, 上海证券交易所网站, 2008.4.1.
［12］宇通客车：2011年年度报告摘要, 上海证券交易所网站, 2012.3.27.
［13］宇通客车：2008年年度报告摘要, 上海证券交易所网站, 2009.4.7.
［14］宇通客车：2016年年度报告, 上海证券交易所网站, 2017.3.28.
［15］小天鹅A：2015年年度报告, 深圳证券交易所网站, 2016.3.10.
［16］小天鹅A：2016年年度报告, 深圳证券交易所网站, 2017.3.9.
［17］叶碧华, 廖芷菁. 订单倒逼生产 小天鹅价值链谋［N］. 21世纪经济报道, 2016-04-20.
［18］段志敏, 张艳. 销售老大挑战生产巨头 国美全国卖场清理格力［N］. 京华时报, 2004-03-11.
［19］季民. 论商业企业和生产企业的关系［J］. 江苏经贸职业技术学院学报, 2004（4）：31-34.

［20］青岛海尔：2004 年年度报告，上海证券交易所网站，2005.4.8.

［21］青岛海尔：2016 年年度报告，上海证券交易所网站，2017.4.29.

［22］苏泊尔：2014 年年度报告，深圳证券交易所网站，2015.3.26.

［23］苏泊尔：2016 年年度报告，深圳证券交易所网站，2017.3.30.

［24］华帝股份：2013 年年度报告，深圳证券交易所网站，2014.2.27.

［25］美的集团：2013 年年度报告，深圳证券交易所网站，2014.4.3.

［26］格力电器：2015 年年度报告，深圳证券交易所网站，2016.4.29.

［27］李扬，王国刚，王军，房汉廷.产融结合：发达国家的历史和对我国的启示［J］.财贸经济，1997（9）：3-10.

［28］赵文广.企业集团产融结合理论与产践［M］.2 版.北京：经济管理出版社，2012.

［29］谢杭生.产融结合研究［M］.北京：中国金融出版社，2000.

［30］张庆亮，杨莲娜.产融型企业集团：国外实践与中国的发展［M］.北京：中国金融出版社，2005.

［31］傅艳.产融结合之路通向何方［M］.北京：人民出版社，2003.

［32］毛勇春.市值管理新论——从定性到定量［M］.上海：同济大学出版社，2015.

［33］赵文广.企业集团产融结合理论与实践［M］.北京：经济管理出版社，2012.

［34］实业企业如何推进产融结合，http://www.vccoo.com/v/w6wrr3.

［35］Tanenbaum Andrew S. 计算机网络［M］.4 版.北京：清华大学出版社，2004.

［36］陈文伟.决策支持系统教程［M］.2 版.北京：清华大学出版社，2010.

［37］工业大数据是工业 4.0 的核心驱动，http://www.sxkeda.com/html/xwdt_98_3843.html.

［38］汽车巨头福特的大数据之路，https://www.aliyun.com/zixun/content/2_11_472269.html.

［39］不同的生产类型对 ERP 软件有着显著不同的要求，https://wenku.baidu.com/view/180f3e5cbe23482fb4da4cdb.html.

［40］商贸企业的电子商务机理，http://www.233.com/ec/zl/fudao/20061019/08383411.html.

［41］互联网可以如何改生产型企业，https://wenku.baidu.com/view/1c85d0de284ac85 0ad0242c7.html.

［42］企业数据的秘密：大数据时代商业规则，https://m.zol.com.cn/article/3343048.html.

［43］许伟，王明明，李倩.互联网金融概论［M］.北京：中国人民大学出版社，2016.

［44］罗明雄，唐颖，刘勇.互联网金融［M］.北京：中国财政经济出版社，2014.

［45］赵永新，陈晓华.互联网金融概论［M］.北京：人民邮电出版社，2016.

［46］电子货币交易机制引发的思考，https://wenku.baidu.com/view/93d857c258f5f61fb 736663d.html.

[47] 区块链技术，https://wenku.baidu.com/view/b2d95810f90f76c661371aea.html.

[48] 区块链，https://wenku.baidu.com/view/bb549e833b567ec102d8af8.html.

[49] 迈克尔·波特. 竞争优势［M］. 北京：中国财政经济出版社，1988.

[50] 郭福春，陶再平. 互联网金融概论［M］. 北京：中国金融出版社，2015.

[51] 范小云，刘澜飚，袁梦怡. 互联网金融概论［M］. 北京：人民邮电出版社，2016.

[52] 帅青红，李忠俊，彭岚，陈彩霞. 互联网金融［M］. 大连：东北财经大学出版社，2016.

[53] 李冬琴. 论商业企业的创新特征［J］. 广东财经大学学报，2001（4）：20-22.

[54] 程雪梅. 企业信息化过程中知识转移机理分析［J］. 情报杂志，2005（5）：36-37.

[55] 卢有杰. 现代项目管理学［M］. 北京：首都经济贸易大学出版社，2004.

[56] 白思俊. 现代项目管理（下）［M］. 北京：机械工业出版社，2003.

[57] 企业的生产特征：http://www.cnblogs.com/benio/archive/2009/07/29/1533910.html.

[58] 岳朝静，岳燕，丁福祥. 传统生产型企业发展电子商务综述［J］. 云南科技管理，2011（3）：64-66.

[59] 赵丽，梁敏. 企业竞争力理论综述［J］. 商业经济，2009（4）：22-23.

[60] 廖纪英，张森林. 生产型企业核心竞争能力RCI评价模式的构建［J］. 企业经济，2013（7）：48-51.

[61] 制造型企业的特点，https://wenku.baidu.com/view/042c8934f111f18583d05a9d.html.

[62] 吴小丁. 生产型企业如何建立自己的营销渠道［J］. 企业管理，1998（10）：30-31.

[63] 邵明伟，康铁兰. 现代生产型企业的物资管理［J］. 中国新技术新产品，2010（3）：198-198.

[64] 丁强. 商业智能系统在企业管理中的实现［J］. 科技创业家，2013（18）：254.

[65] 李斌，续鹏，赵一诗. 商业智能在企业信息化建设中的研究与应用［J］. 无线电工程，2011（6）：47-49.

[66] 唐琳. 生产型企业集团成本管理问题及其改进［J］. 财会通讯，2013（32）：102-103.

[67] 赵谊. 试论企业全面成本管理与控制［J］. 经济师，2010（7）：161-162，164.

[68] 郭重庆，刘人怀. 中国制造业企业国际化战略［M］. 广州：暨南大学出版社，2005.

[69] 大数据技术推动传统商品贸易形态转型升级：https://wenku.baidu.com/view/45ff4c70f12d2af90242e685.html.

[70] 陈益圣，马敬武，向超. 浅谈数据分析在企业管理中的意义，https://wenku.baidu.com/view/1e75cfacd1f34693daef3ea4.html.

[71] 李晓敏. 商业企业电子商务环境与市场营销策略研究［D］. 成都：西南石油学院，2004.

[72] 姚楠，唐海峰. 现代企业管理与电子商务技术及其应用［J］. 辽宁行政学院学报，

2013（2）：97-99.

[73] 陈晓红. 传统企业发展电子商务的风险分析及对策研究［J］. 中国商贸，2011（8）：98-99.

[74] 中国农业银行电子银行部课题组. 互联网时代的金融创新研究［R］. 2014.

[75] 李耀东，李钧. 互联网金融框架与实践［M］. 北京：电子工业出版社. 2014.

[76] 芮晓武，刘烈宏. 中国互联网金融发展报告（2013）［M］. 北京：社会科学文献出版社，2013.

[77] 芮晓武，刘烈宏. 中国互联网金融发展报告（2014）［M］. 北京：社会科学文献出版社，2014.

[78] 李东荣，朱烨东. 中国互联网金融发展报告（2015）［M］. 北京：社会科学文献出版社，2015.

[79] 霍学文. 新金融 新生态：互联网金融的框架分析与创新思考［M］. 北京：中信出版社，2015.

[80] 谢平，邹传伟，刘海二. 互联网金融的基础理论［J］. 金融研究，2015（8）.

[81] 张劲松. 网络金融［M］. 北京：机械工业出版社，2014.

[82] 陈昕，蒋群星. 网络金融对当前中国金融体系的影响［J］. 南方金融，2010.

[83] 王琴，王海权. 网络金融发展趋势研究［J］. 商业经济研究，2013.

[84] 大数据挖掘助力互联网金融风险控制，赛迪网，2013-10-15.

[85] 董骏. 互联网金融 P2P：如何做好关乎生死的风险控制，https：//www.aliyun.com/zixun/content/2_6_150159.html.

[86] 唐诗闻，吕智秀. 金融创新：势不可挡的互联网金融［J］. 中国外资，2014-02-25.

[87] 中国农业银行电子银行部课题组：孙龙，申莉. 互联网时代的金融创新研究［J］. 农村金融研究，2010（2）.

[88] 曹红辉，李汉. 中国第三方支付行业发展蓝皮书（2011）［M］. 北京：中国金融出版社，2012.

[89] 张德富. 第三方网上支付监管模式的国际比较与借鉴［J］. 金融会计，2010（6）.

[90] 赵听. 金融监管新课题：第三方网上支付平台［J］. 上海金融，2010（9）.

[91] 陈敏轩，李钧. 美国 P2P 行业的发展和新监管挑战［J］. 金融发展评论，2013（3）：1-34.

[92] 黄飙，屈俊. 国外 P2P 和众筹的发展［J］. 中国外汇，2013（12）：49-51.